EXPOSITION UNIVERSELLE A LONDRES
EN 1862.

EMPIRE FRANÇAIS.

NOTICES

SUR LES

MODÈLES, CARTES ET DESSINS

RELATIFS AUX TRAVAUX PUBLICS

RÉUNIS PAR LES SOINS

DU MINISTÈRE DE L'AGRICULTURE, DU COMMERCE
ET DES TRAVAUX PUBLICS.

PARIS
IMPRIMÉ PAR E. THUNOT ET Cⁱᵉ
26, RUE RACINE, 26.

1862.

NOTICES

MODÈLES, CARTES ET DESSINS

RELATIFS AUX TRAVAUX PUBLICS.

NOTICES

SUR LES

MODÈLES, CARTES ET DESSINS

RELATIFS AUX TRAVAUX PUBLICS,

RÉUNIS PAR LES SOINS

DU MINISTÈRE DE L'AGRICULTURE, DU COMMERCE
ET DES TRAVAUX PUBLICS.

PARIS

IMPRIMÉ PAR E. THUNOT ET Cⁱᵉ,

26, RUE RACINE, 26.

1862

En 1855, une collection de dessins et de modèles
en relief, réunis par les soins du ministère de l'agriculture, du commerce et des travaux publics, représentait, à l'exposition universelle de Paris, les travaux
publics de l'empire français. Une collection semblable,
mais plus nombreuse et plus complète, les représen-
tera à l'exposition de Londres en 1862.

Un appel avait été fait en 1855 aux grandes compagnies de chemins de fer; plusieurs y avaient ré-
pondu. Cet appel a été renouvelé cette année et a eu
le même succès.

En 1862, le concours du ministère de la marine et
des colonies, celui de la ville de Paris, ont été également réclamés et obtenus.

L'exposition des travaux publics français aura donc
cette fois un caractère plus général encore qu'en 1855.
Presque toutes les branches du génie civil y seront
représentées.

En réunissant d'ailleurs, comme on le fait, ces
œuvres diverses, on n'a pas voulu les absorber dans
une exposition unique qui serait celle du ministère de
l'agriculture, du commerce et des travaux publics; ce
qu'on a voulu faire à Londres, c'est une exposition du
génie civil français, en laissant à chacun la responsabilité et le mérite de son œuvre.

Aux modèles, cartes et dessins exposés, on a cru devoir joindre une collection de notices donnant sur
chaque objet des détails précis. Quelque parfait que
soit un modèle, quelque complet que soit un dessin,
ils ne peuvent en effet tout dire; ils ne suffisent pas
toujours pour expliquer l'utilité, l'importance d'un
ouvrage, les difficultés qu'a rencontrées son exécution.
Les notices réunies dans ce volume suppléeront à cette
insuffisance. Elles ont paru le complément indispensable de la pensée qui a présidé à la réunion de tous
ces modèles et dessins.

PREMIÈRE SECTION.

ROUTES ET PONTS.

I

PONT TOURNANT DE BREST.

—

MINISTÈRE DE L'AGRICULTURE DU COMMERCE ET DES TRAVAUX PUBLICS.

Un modèle du pont à l'échelle de 0,02.
Un modèle d'une tour et de son mécanisme à l'échelle de 0,1.
Nº 1251 (8) du catalogue français.

Disposition générale. — Le pont établit la communication entre les villes de Brest et de Recouvrance, séparées par la Penfeld, à une hauteur de 29 mètres au-dessus du zéro de l'échelle des marées. Le passage libre entre le dessous des fermes et le niveau des hautes mers est de 19^m,50. La distance entre les parements des culées est de 174^m,00. Les deux volées métalliques, qui occupent cette longueur de 174^m,00, reposent chacune sur une pile circulaire dont le diamètre au sommet est de 10^m,60. L'écartement des piles, de centre en centre, est de 117^m,00 ; la largeur libre du passage, au moment de l'ouverture des volées, est donc de 106^m,00 environ. Cette largeur est sensiblement égale à celle du chenal lui-même, qui forme le port militaire, de telle sorte que la construction du pont, qui est situé à l'entrée de ce port, n'a apporté aucune entrave à la circulation des navires de la marine.

Tablier. — Les deux volées qui supportent le tablier, ont chacune une hauteur de 7^m,72 au droit des piles et de 1^m,40 à leur extrémité. La largeur de la chaussée est de 5^m,00 et celle des trottoirs de 1^m,10. Chaque volée est formée par deux poutres ; chaque poutre se compose d'un longeron haut et d'un longeron bas, en forme de T dans la coupe, lesquels sont entretoisés par des montants et contreventés par des croix de Saint-André ayant en section la forme d'une $\mp$. Au droit de chaque montant les poutres sont reliées par des entretoises et des croix de Saint-André. Comme les volées, dans leur mouvement de rotation, sont soumises à des efforts de flexion transversale à leur longueur, il était indispensable de les armer fortement dans ce sens. A cet effet on a tiré profit du plancher pour la partie supérieure. Il a donc été formé de deux couches de bois superposées de façon à croiser tous les joints et à constituer un plan rigide. Dans le bas, au contraire, les poutres ont été reliées et armées par un réseau complet d'entretoises et de croix de Saint-André, partant du centre de rotation et s'étendant à toute la longueur du pont.

La culasse des volées a reçu la forme d'une caisse, dans laquelle est logé le contrepoids qui doit faire équilibre à la partie antérieure. Le point le plus difficile, dans la

composition des volées, était évidemment l'organisation
de la partie qui se trouve au droit des piles, où aboutissent toutes les pressions provenant des charges mortes
et toutes les réactions dues à la rotation. Il fallait défendre la charpente contre ces fatigues, et de plus, comme
elle devait être assise sur une couronne de galets, il était
essentiel d'arriver à répartir la charge, autant que possible,
également sur tous les rouleaux. Pour cela, la division des
montants des poutres a été réglée de façon à faire coïncider
deux d'entre eux, dans chaque poutre, avec le milieu des
couronnes et à former ainsi quatre points d'appui principaux, qui ont été renforcés d'une manière spéciale à l'aide
de colonnes. Ces colonnes sont reliées par quatre fortes croix
de Saint-André ; en outre, elles sont traversées par une tour
cylindrique en tôle, fortement armée et munie de platesformes en haut et en bas. Cet ensemble de pièces forme
ainsi un massif en rapport à la fois avec les poutres et avec
les couronnes de roulement et propre, par suite, à remplir
les fonctions que l'on vient d'indiquer.

Couronnes de roulement. — Le système des couronnes de
roulement est le même, en principe, que celui des plaques
tournantes des chemins de fer. Mais comme il s'agissait d'un diamètre de $9^m,00$ et d'une charge d'environ
600.000 kilog., il a fallu arriver à des dimensions relativement considérables pour chaque détail. Les galets
sont au nombre de 50; leur diamètre moyen est de $0^m,50$
et leur longueur de $0^m,60$. Les couronnes ont été tournées
sur leurs faces, haute et basse, avec un soin exceptionnel, et, à cet effet, un appareil spécial a dû être construit
au Creusot au prix de 75.000 fr.

Mécanisme de rotation. — La partie dormante des
couronnes de rotation porte à sa circonférence extérieure

des dents d'engrenage ; à ces dents correspond un pignon
dont l'axe est solidaire avec la couronne de rotation mobile ;
cet axe de pignon reçoit son mouvement à l'aide d'une roue
d'engrenage, laquelle est mue elle-même par un deuxième
pignon calé sur l'arbre moteur. Ce dernier est vertical et
monte jusqu'au plancher ; là il porte un croisillon armé de
barres de cabestan ; c'est sur ces barres qu'agissent les
hommes de manœuvre. Une fois la rotation accomplie, le
croisillon s'abat sous le tablier en bois, et celui-ci se trouve
dégagé de suite et prêt à permettre la circulation. Ce mécanisme est à la fois très-simple, très-commode et très-puis-
sant. Il est simple, parce que le nombre d'intermédiaires
entre la puissance et la réaction est des plus réduits ; il est
commode, parce que du haut du pont les hommes de manœuvres sont juges eux-mêmes des effets de leur action ; il
est puissant, parce qu'il permet au besoin d'augmenter dans
une forte mesure le nombre d'aides nécessaires aux manœuvres.

Mécanisme de calage. — Pour assurer une grande stabilité au tablier pendant la circulation, on a jugé utile
d'ajouter des mécanismes de calage à l'avant et à l'arrière
des volées. A l'avant, ce sont des verrous en fer qui se pous-
sent de l'extrémité d'une volée dans l'extrémité de l'autre ;
à l'arrière, ce sont des leviers ressemblant aux mâchoires
d'un étau qui serait couché horizontalement. Le point fixe,
qui est saisi par ces leviers, est formé par une pièce de fonte
fortement scellée dans le massif de la culée. Les leviers
eux-mêmes tiennent, au contraire, par leur axe à la charpente de la culasse. Il existe deux systèmes de leviers à
chaque culasse, et deux systèmes de verrous à la jonction
des volées.

Manœuvre. — Pour manœuvrer les volées, les gardiens commencent par dégager les verrous du milieu du pont, puis ils dégagent les mécanismes de calage aux culées. La rotation est produite ensuite à l'aide du mouvement de cabestan décrit plus haut. Par un temps de calme plat, deux hommes, pour chaque volée, opèrent soit l'ouverture complète du pont, soit sa fermeture, toutes manœuvres comprises, en quinze minutes au plus.

Maçonneries. — Tous les ouvrages de maçonneries ont été fondés directement sur le roc. Les parements des piles sont en pierre de taille de grand appareil; ceux des culées sont en moellons piqués avec chaînes en pierre de taille aux angles.

Montage du tablier métallique. — Cette opération a été faite sur pont de service, les volées établies parallèlement au chenal. Le montage terminé, les volées ont été rapprochées et se sont rencontrées, à quelques centimètres près, au même niveau. On avait établi les plates-formes en se servant du niveau des hautes marées, comme moyen de fixer leur hauteur.

Réparations. — Pour un ouvrage renfermant un aussi grand nombre de pièces ajustées que le pont de Brest, il convenait de prévoir le cas où une réparation deviendrait nécessaire, soit par suite d'avaries, soit par suite de l'usure même des métaux. Les galets et couronnes de roulement se trouvant, sous ce rapport, dans les mêmes conditions que le restant des mécanismes, il fallait songer au moyen de les isoler, au besoin, de la pression du pont. Pour cela, des dispositions ont été prises pour établir momentanément, sur le massif des piles et au-dessous des fermes, quatre presses hydrauliques capables, chacune, de faire un effort d'environ 200.000 kilog. L'eau est foulée simultanément à ces quatre presses par un seul et même jeu de pompes, qui se place au centre de la tour. Ces pompes sont manœuvrées à bras, comme une pompe à incendie. Lors des expériences de réception du pont, la manœuvre a été faite par huit hommes, et le pont s'est soulevé de quelques centimètres au-dessus des galets en moins de dix minutes. Dans ces conditions, tous les détails du mécanisme de roulement auraient pu se démonter et se replacer sans difficulté.

Études et construction. — L'ouvrage entier, maçonneries et charpentes, a été exécuté sous la seule responsabilité de MM. Schneider et Cⁱᵉ, du Creusot. Les premiers projets du pont sont dus à MM. Cadiat et Oudry ; les plans définitifs ont été dressés au Creusot, dont M. Mathieu est l'ingénieur en chef. Tous les métaux ont été fabriqués et ajustés dans les forges et chantiers du Creusot. La pose des fermes et des mécanismes a été opérée de même par les usines du Creusot, sous le contrôle de MM. Maitrot de Varennes et Aumaître, ingénieurs en chef des ponts et chaussées, et Rousseau, ingénieur ordinaire des ponts et chaussées. Les maçonneries avaient été sous-traitées par une société brestoise et ont été exécutées par M. Letessier de Launay, entrepreneur.

Métré. — Le poids des métaux employés à la construction du pont se décompose comme il suit :

Fers de toutes sortes.	660.000 kil.
Fontes ajustées.	540.000
Total	1.200.000 kil.

Le cube des bois de la chaussée et des trottoirs est de 150 mètres cubes.

Dépenses. — Le pont sur la Penfeld a coûté

2.118.835 fr. 10 c. Cette somme se partage de la manière
suivante :

Maçonnerie des piles et culées et de divers ouvrages d'art aux abords....................	698.743^f,10
Volées métalliques.....................	1.180.290 ,00
Cintres et montage de ces volées............	119.710 ,00
Ouvrages accessoires des volées............	54.426 ,00
Somme à valoir pour dépenses diverses.........	65.665 ,10
Total égal........	2.118.835^f,10

II

PONT NAPOLÉON

A SAINT-SAUVEUR (HAUTES-PYRÉNÉES).

—

MINISTÈRE DE L'AGRICULTURE, DU COMMERCE ET DES TRAVAUX PUBLICS.

Une vue photographique.
N° 1251 (15) du catalogue français.

Disposition générale. — Le pont Napoléon, construit pour
le passage de la route impériale n° 21 sur le Gave de Pau
à Saint-Sauveur (Hautes-Pyrénées), est formé d'une seule
arche en plein cintre de 42 mètres d'ouverture. La longueur du pont entre les dés est de 66^m,20 ; sa largeur
entre les faces extérieures de l'ouvrage, est de 4^m,90. La
voie charretière a 4^m,50 de largeur ; elle est comprise entre
deux trottoirs de 0^m,85 placés en grande partie en encorbellement, et soutenus par des consoles. Une balustrade en
fonte couronne le pont.

La voûte repose directement sur le rocher. La première
assise de la maçonnerie est située à 40 mètres au-dessus des
basses eaux du Gave ; la chaussée est à 65^m,50 au-dessus
du même plan de comparaison. Les bandeaux des têtes sont
en pierre de taille. La portion de la voûte comprise entre

les bandeaux est construite en maçonnerie de moellons bruts schisteux, et mortier de ciment de Vassy. L'épaisseur de la voûte à la clef est de $1^m,45$. Les tympans sont construits en maçonnerie à joints incertains ; ils sont formés de moellons calcaires reliés par un mortier de chaux grasse, additionné d'un dixième de son volume de ciment de Vassy.

Échafaudages et cintres. — La charpente établie pour la construction du pont Napoléon comprenait, outre le cintre et le pont de service placé sur le cintre pour le bardage des matériaux, un échafaudage assis au fond du Gave, et une plate-forme placée au niveau des naissances. L'échafaudage dont il vient d'être question se prolongeait jusqu'à la rencontre du cintre. Il était destiné à supporter la plate-forme établie au niveau des naissances, et à prévenir les mouvements du cintre dans le sens perpendiculaire aux têtes du pont.

Le cintre était formé de quatre fermes retroussées. Chaque ferme se composait essentiellement de six arbalétriers s'arc-boutant deux à deux et symétriquement, soit directement, soit par l'intermédiaire des veaux. Les pièces de cette charpente étaient rendues solidaires par deux cours de moises horizontales, et par des clefs pendantes.

Le pont de service sur cintre se composait de chandelles verticales d'une hauteur variable avec leur distance de l'axe de la voûte, et placées deux à deux, dans des plans parallèles à cet axe. Les chandelles étaient reliées par des croix de Saint-André placées dans des plans perpendiculaires aux têtes du pont. Des chapeaux posés sur les chandelles supportaient les rails sur lesquels roulaient les wagons servant au transport des matériaux.

L'échafaudage partant du fond du Gave, était composé de

six poteaux montants placés deux à deux dans des plans parallèles aux têtes du pont; ils étaient reliés dans deux directions par des croix de Saint-André, enfin des chapeaux parallèles au fil de l'eau, et des moises normales à cette direction complétaient la triangulation du système.

La plate-forme se composait de poutres horizontales reposant sur des sous-poutres placées soit sur les rives, soit sur la grande palée. Des contre-fiches empêchaient la flexion des sous-poutres.

L'établissement des fondations de la palée a présenté des difficultés particulières. Ce n'est qu'au moment de la fonte des neiges que l'on a pu faire ces fondations. Chacun des six poteaux montants inférieurs a été assis sur une chandelle en sapin maintenue à la partie centrale d'un tronc de pyramide formé de béton de ciment.

Durée des travaux de maçonnerie. — La maçonnerie de moellons schisteux et de mortier de ciment pour la partie de la voûte comprise entre les bandeaux des têtes, les tympans, jusqu'au niveau du joint à 60°, ont été faits du 5 au 16 novembre; on a décintré la voûte le 16 décembre. Le décintrement a été fait à l'aide de verrins. Le tassement observé à l'aide de deux règles parallèles, dont l'une était fixe, et l'autre était attachée à la clef de la voûte, a été inférieur à $0^m,001$.

Les travaux ont été repris au mois d'avril 1861, et le pont a été livré à la circulation, le 30 juin de la même année.

Dépenses. — Le montant total de la dépense est de 318.636 fr. 97 c.

Cette dépense se décompose de la manière suivante :

Travaux provisoires	121.092f,22
Travaux définitifs	197.544 ,75
Total pareil.	318.636f,97

Les dépenses afférentes aux travaux provisoires se décomposent de la manière indiquée ci-après :

Fondations de la palée.	7.292^f 08
Palée.	21.709 44
Plate-forme au niveau des naissances.	3.819 47
Cintre de la voûte.	58.905 97
Pont de service sur cintre.	12.050 75
Cintre des voûtes en décharge.	1.705 21
Boulons.	8.555 40
Dépenses en régie.	21.077 87
Total.	121.092^f 22

Le projet a été rédigé par M. Schérer, ingénieur en chef des ponts et chaussées, et Bruniquel, ingénieur ordinaire. Les travaux ont été exécutés par M. Marx, ingénieur en chef des ponts et chaussées, M. Bruniquel, ingénieur ordinaire, et Guillemain, conducteur des ponts et chaussées. L'entrepreneur a été M. Gariel.

III

PONT DE SAINT-JUST

SUR L'ARDÈCHE.

MINISTÈRE DE L'AGRICULTURE, DU COMMERCE ET DES TRAVAUX PUBLICS.

Un modèle à l'échelle de 0,04.

N° 1451 (16) du catalogue français.

Disposition générale. — Le pont est situé sur la route impériale, n° 86, qui, de la ville de Pont-Saint-Esprit, se dirige sur Saint-Just. Il a été construit pour remplacer un pont de pierre qui avait été renversé lors d'une crue de l'Ardèche. Primitivement il s'agissait de faire la construction nouvelle dans le système des ponts suspendus: une décision postérieure de l'administration des ponts et chaussées a fait substituer à ce type le modèle en arc et, à cet effet, les portées ont été réduites, par une addition de trois piles aux deux déjà faites, suivant le premier projet. Les arches sont donc au nombre de six. L'ouverture constante des travées est de $46^m,260$, et la distance totale entre les culées de $295^m,50$. La largeur de la voie entre les garde-corps est de 7 mètres, et celle de la chaussée proprement dite de 5 mètres.

Poutres. — Chaque travée est formée par cinq arcs, distants entre eux de $1^m,575$. Ces arcs, de même que toute la charpente métallique de la travée, sont construits exclusivement en fer. La distance, depuis le niveau-milieu des plaques de retombée jusque sous le sommet des arcs, est de $4^m,30$; cette cote, rapprochée de celle de $46^m,260$, qui donne la distance entre les faces des piles, montre que les arcs du pont de Saint-Just sont fortement surbaissés. Cette disposition, qui était en rapport avec les exigences des lieux, a commandé pour la composition des travées certaines précautions spéciales de construction qui vont être indiquées.

Chaque poutre est formée par l'arc proprement dit et par un longeron supérieur reliés par un système de treillis. L'arc et le longeron ont la section d'un T; les treillis sont composés de fers placés en croix, ayant une section à doubles côtes —. A la rencontre des branches des croix, leur assemblage est faite au moyen de rondelles circulaires; celles-ci sont réunies toutes entre elles au moyen d'une barre de tympan, qui s'attache au mur. A la rencontre des longerons de deux travées consécutives sur la pile, les extrémités se trouvent liées ensemble par une pièce de jonction; cette liaison est faite au moyen de mortaises et de clavettes. La pièce de jonction est en même temps agrafée sur la maçonnerie de la pile, et fortement liée à celle-ci au moyen de boulons.

De cette façon, il est évident qu'on peut envisager le système de construction des poutres comme fonctionnant de deux manières. La travée, prise au complet, travaille comme un arc, se butant contre les piles et les culées, et supportant le tablier. La demi-travée, au contraire, peut agir comme une console qui serait libre à l'extrémité et encastrée à son point d'appui. C'est par la réunion de ces conditions qu'on a pu assurer la solidité du système, malgré la faible flèche des arcs.

Comme les éléments des travées sont principalement soumis à des efforts de tension assez considérables, le fer a dû être choisi de préférence à la fonte pour cette construction.

Contreventements. — Transversalement à leur longueur les arcs d'une même travée sont reliés par six systèmes de contrevents, composés chacun d'entretoises et de croix de Saint-André. Les tympans sont reliés, en outre, au droit des rondelles de jonction par des entretoises creuses et des boulons. Cet ensemble de liaisons transversales assure une complète rigidité aux travées et rend solidaires toutes leurs parties pour détruire, autant que possible, les vibrations qui pourraient résulter du passage des fardeaux sur la chaussée.

Tablier. — Le tablier est formé par un plancher composé de trois couches de madriers superposées. La plus basse, qui se loge sur les traversines, a une épaisseur de $0^m,10$; les deux autres ont chacune $0^m,050$. Une épaisseur d'environ $0^m,050$ en bitume d'asphalte recouvre ce plancher, et au-dessus se trouve la chaussée proprement dite. Les trottoirs sont bordés à l'intérieur par des chaînes de pierre de taille, et à l'extérieur par des garde-grèves en tôle. Les garde-corps sont en fer laminé, suivant le type ordinaire du Creusot.

Levage et pose. — Jusque dans ces derniers temps on avait l'habitude de monter tous les ponts en arc sur des cintres en charpente. Ce mode était employé pour les ponts

en fonte aussi bien que pour les ponts en maçonnerie; il a
été conservé même pour le pont d'Arcole, qui est en fer.
Les constructeurs, en examinant de près les conditions du
pont de Saint-Just, ont été conduits à renoncer complètement à cette disposition et à créer un mode nouveau plus
spécialement approprié aux ponts en fer; ce mode a donné
des résultats très-satisfaisants sous tous les rapports.

Les arcs en fer, comme les poutres en tôle ou en treillis,
arrivent sur les lieux du montage en fragments qui, mis
isolément, n'ont pas de consistance lors du montage; il faut
enchevêtrer ces fragments les uns dans les autres, puis les
river ensemble, et l'ouvrage ne devient rigide qu'au moment où ces opérations sont terminées. Il suit de là que la
charpente de service, si elle est destinée à servir de base
aux parties à monter, doit offrir, non-seulement des points
d'appui très-solides et parfaitement dégauchis, mais qu'elle
doit permettre encore l'accès, sous les pièces, pour le travail du rivetage. Les cintres en bois ne se prêtent pas facilement à cette condition, et donnent lieu par conséquent,
à des travaux de précision et à des frais d'établissement
considérables.

Dans le cas particulier du pont de l'Ardèche, une autre
difficulté se présentait. La rivière qui, en temps ordinaire,
ne traverse qu'une seule arche du pont, avec une profondeur de 2 à 3 mètres à peine, est sujette à des crues subites,
d'une violence tout à fait exceptionnelle. L'eau s'élève alors,
dans l'espace d'une heure au plus, de 3, 4 mètres et au
delà, attaquant avec force tous les obstacles qui se dres-
sent devant elle. L'étiage de la rivière est à 7 mètres, sous
la naissance des arcs; les hautes eaux, au contraire, attei-
gnent souvent ce point. Dans ces conditions tous les échafaudages appuyés sur le lit de la rivière risquaient d'être

renversés et d'entraîner avec eux la chute du pont en
montage.

Pour éviter tous ces inconvénients, voici les dispositions adoptées. Les fermes métalliques, au lieu d'être
assemblées debout, ont été complétement déganchies et
rivées à plat, pour être soulevées ensuite, redressées et
portées tout achevées à leur place définitive. La charpente, au lieu d'être établie au-dessous des fermes et de
servir de support provisoire à celle-ci, a été construite au-
dessus pour fonctionner comme moyen de suspension. On
mentionnera spécialement les dispositions principales de cet
appareil. La charpente est formée par deux poutres, dans le
système dit américain. Les longrines hautes et basses de
ces poutres sont armées de fortes cornières en fer; de
plus, les pièces du bas portent des plates-bandes en fer.
Les poutres ont chacune une longueur totale de 110 mètres
environ, de telle sorte qu'étant poussées au-dessus des piles,
elles peuvent recouvrir l'étendue de deux arches. À l'extrémité avant, ces poutres sont réunies par de forts entretoise-
ments; il en est de même à l'arrière. Dans le haut et dans
le bas de chaque longrine se trouve un plancher, qui a pour
double but de permettre la circulation et de servir d'armature pour éviter la torsion du système. Sur les planchers du
haut sont fixés des rails qui servent de chemin directeur à
deux chariots porteurs; chacun de ces chariots est armé de
deux treuils à roulettes. Les culées et les piles sont enveloppées chacune d'une charpente légère qui soutient des
rouleaux correspondant au bas des longrines.

L'appareil est établi primitivement à terre, tout près de la
culée, sur une série de rouleaux analogues à ceux que l'on
vient de mentionner. À l'aide de cordages, il est tiré ensuite en avant, jusqu'à ce que son extrémité porte sur la

première pile; il recouvre ainsi une travée, et s'étend sur la
culée pour le restant de sa longueur. C'est dans cette dernière partie que se construisent les fermes. Au fur et à mesure qu'elles se terminent, les treuils les saisissent toutes
faites, les redressent, les avancent dans le vide de la première travée, et les laissent descendre jusqu'à leur position
définitive. Les monteurs se servent des fermes déjà établies,
de même que des poutres du pont roulant, pour suspendre
tous les échafaudages dont ils ont besoin pour la pose des
entretoises des contreventements, et de tous les détails se
condaires de la travée.

Lorsqu'une travée est achevée et recouverte de son plancher, le pont roulant est halé sur la travée suivante; l'assemblage des fers de celle-ci se fait sur la partie déjà
montée.

Cette disposition a permis d'effectuer tous les travaux avec
une extrême précision, avec sécurité, rapidité, et économie.
La précision dans la préparation des cintres était assurée dès
l'instant que ceux-ci se montaient à plat, sur des plates-formes solides. La sécurité existait, de même que la rapidité,
puisque toutes les manœuvres ont pu se faire à des niveaux
supérieurs aux plus fortes crues. L'économie est évidente,
le même appareil ayant servi aux six arches successivement.

Études et construction. — Le pont a été exécuté, suivant un plan d'ensemble fourni à MM. Schneider et C°,
par l'administration des ponts et chaussées, et dressé par
M. l'ingénieur Oudry. Toutes les études relatives aux détails
de la construction ont été faites au Creusot. Les études, relatives aux procédés de montage sont dues exclusivement à
l'usine du Creusot, dont l'ingénieur en chef est M. Mathieu.
Tous les métaux ont été fabriqués et ajustés dans les forges

et chantiers du Creusot. La pose du pont et sa fabrication
ont été faites sous le contrôle de M. Joly, ingénieur en chef
des ponts et chaussées, et de M. Vigouroux, ingénieur ordinaire des ponts et chaussées.

Dépenses. — Ce pont a coûté 967.668 fr. 71 c. ainsi
répartis :

Maçonneries des piles et culées,	274.879,20
Travées métalliques	692,789,51
Total	967.668ᶠ,71

IV

EXPLOITATION D'UNE CARRIÈRE DE GRÈS

POUR LE PAVAGE DES VOIES PUBLIQUES.

VILLE DE PARIS.

Un modèle à l'échelle de 0,05.

Nº 1251 (42) du catalogue français.

Exposé préliminaire. — La ville de Paris a acquis, en 1855, une carrière de grès situé à Marcoussis, dans le département de Seine-et-Oise; elle en a confié l'exploitation aux ingénieurs des ponts et chaussées attachés au service municipal, lesquels ont appliqué, jusqu'au mois de septembre 1861, les procédés ordinaires suivis dans toutes les exploitations du même genre, et se résumant dans les trois opérations ci-après :

1° Terrassement pour le découvert du rocher ;

2° Renversement des blocs de rocher dans la forme et leur débit en pavés de divers échantillons ;

5° Montage des pavés fabriqués sur le plateau de la carrière.

Mode ancien d'exploitation d'une carrière de grès. — Le découvert a pour objet de mettre à nu le banc du rocher. Les terres de déblai sont roulées à la brouette sur l'emplacement des exploitations antérieures, et les rouleurs passent sur des plats-bords jetés au-dessus de la forme.

Les remblais effectués de la sorte sont maintenus du côté de l'exploitation avec des débris de grès appelés ravelins.

Le rocher, une fois découvert, est livré aux carriers, lesquels, par l'action de la mine, détachent du banc général des blocs qui tombent dans la forme. Ces blocs, dont le volume est quelquefois de plusieurs mètres cubes, doivent ensuite être refendus jusqu'à ce que chacune de leurs parties puisse être débitée au simple couperet en pavés de divers échantillons. Les carriers exécutent cette fente en frappant à force de bras, avec des masses de 20 kilogrammes, sur des coins enchâssés dans des mortaises, travail pénible et qui altère promptement la santé des ouvriers les plus robustes.

Les pavés ainsi fabriqués sont montés à dos d'homme sur le plateau de la carrière, et les monteurs suivent, au péril de leur vie, des chemins inclinés formés de plats-bords suspendus au-dessus de la forme et du rocher découvert.

Le prix de revient définitif d'un mille de pavés se compose : 1° du prix attribué aux carriers pour l'exploitation du rocher et son débit en pavés; 2° de la répartition entre les divers échantillons fabriqués, des frais de découvert et des frais généraux de personnel et d'amortissement du capital consacré à l'acquisition de la carrière et du matériel.

Nécessité de transformer les anciens procédés d'exploitation. — Ce genre d'exploitation ne répondait plus aux exigences d'une consommation toujours croissante; il exerce une influence funeste sur les carriers, dont la vie ne dépasse pas en moyenne quarante-deux ans; il y avait donc, sous tous les rapports, nécessité de le transformer.

Machine pour l'exploitation d'une carrière. — L'emploi de moyens mécaniques pouvait seul répondre aux vues des ingénieurs du service municipal. A cet effet, ils se sont mis en relation avec un ingénieur civil, M. Laudet, déjà connu par un essai sur une carrière particulière. Cet ingénieur, sur un programme donné, s'est livré à des études qui ont conduit à un projet de machine dont l'exécution a été autorisée.

Description de la machine. — Cette machine se compose de diverses parties dont voici la description sommaire :

Un pont de 18 mètres de portée repose sur des rails de chemin de fer établis, l'un sur le rocher découvert, l'autre sur les murs en débris de grès limitant la forme. Ce pont, mobile dans le sens longitudinal de la carrière, porte un chemin de fer horizontal sur lequel se meut verticalement un châssis comprenant le mécanisme d'un marteau-pilon du poids de 600 kilogrammes; ce marteau jouit ainsi de trois mouvements rectangulaires et peut être amené au-dessus d'un point quelconque des blocs de la carrière.

La machine se complète par quatre voies ferrées inclinées : les deux premières ont pour objet de monter sur le plateau de la carrière les pavés fabriqués dans la forme; sur les deux autres se meuvent des wagons servant au transport des terres du découvert du rocher; les terres sont jetées par des terrassiers dans des trémies dont le fond mobile s'ouvre lors du passage du wagon, qui reçoit ainsi son chargement.

Enfin, une machine à vapeur de quatre chevaux assure le

mouvement de translation de tout l'appareil, la marche du wagon et le jeu du marteau-pilon.

La machine fait donc trois opérations distinctes :

1° Le transport des terres provenant du découvert du rocher;

2° La fente des blocs détachés du banc général par l'action de la mine et renversés dans la forme;

3° Le montage sur le plateau de la carrière des pavés fabriqués dans la forme.

Mode d'exploitation avec la machine. — L'exploitation à l'aide de la machine est organisée de la manière suivante :

Les terrassements pour fouille et charge des wagons sont exécutés à la tâche et payés au mètre cube.

Les carriers n'ont plus à leur compte que le renversement des blocs dans la forme à l'aide de la mine, le refouillement des mortaises destinées à recevoir les coins sur lesquels le marteau-pilon doit frapper pour fendre les blocs, puis l'opération dite du dédoublage, ayant pour but de débiter les petits blocs de grès en pavés.

L'administration se charge, avec la machine : 1° de la fente des blocs jusqu'à une division telle que le simple couperet suffise pour obtenir des pavés; 2° du montage des pavés de la forme sur le plateau de la carrière; 3° du transport des terres.

Le prix de revient d'un millier de pavés d'une dimension quelconque se compose alors du prix convenu avec les carriers pour toutes les opérations susdites et à leur charge, et de la répartition entre les divers échantillons des frais de terrasse, de machine et de carrière, pour capital d'acquisition, entretien, amortissement, etc., etc., toutes choses se résumant dans l'expression de *frais généraux.*

Économie du procédé nouveau sur l'ancien. — Les attachements tenus jusqu'à ce jour ont permis de constater :

Qu'une production de 50.000 pavés par l'ancien système coûte. . 11.200 fr.
Que les mêmes produits obtenus avec la machine donnent lieu
 à une dépense de. 9.200

Que, par suite, la machine assure, sur une fabrication de
 50.000 pavés, un bénéfice de.. . . . . 2.000 fr.

Une machine de la puissance de celle de Marcoussis, étant capable de produire au moins 500.000 pavés par an, procurera une économie annuelle de 20.000 francs.

Cette appréciation résulte d'attachements recueillis au début du nouveau mode d'exploitation ; elle est donc grevée des frais résultant de l'inexpérience et tient compte pour intérêts et amortissement du prix d'une première machine qui est revenue à 40.000 francs, tandis qu'une seconde semblable coûterait beaucoup moins.

Résumé et conclusions. — En résumé, l'expérience faite sur la carrière de Marcoussis ne peut laisser aucun doute sur le succès, au point de vue pratique et commercial, de l'essai tenté par la ville de Paris. Il est prouvé désormais que l'exploitation d'une carrière peut être opérée mécaniquement ; que les parties les plus redoutables du travail, celles qui sont une cause de ruine pour la santé des ouvriers ou qui les exposent chaque jour aux accidents les plus graves, peuvent être faites avec une extrême facilité ; que le jeu de la machine apporte dans l'ensemble de la fabrication une économie certaine et qu'il assure un meilleur aménagement du travail et un emploi plus complet de la matière première.

Quand ces résultats économiques et pratiques seront bien connus, quand les fabricants de pavés auront pleine confiance dans le système inauguré à Marcoussis, et quand ils ne douteront ni de son succès ni des bénéfices qu'il produit, ils suivront l'exemple donné et monteront également des machines sur leurs carrières. L'industrie de la fabrication du pavé sera alors transformée au profit tout à la fois des exploitants et des ouvriers.

Cette machine a été inventée par M. Laudet, ingénieur civil, et exécutée pour le service municipal de Paris, confié à MM. Michal, inspecteur général des ponts et chaussées, directeur des travaux publics de Paris; Homberg, ingénieur en chef des ponts et chaussées, et Vaissière, ingénieur des ponts et chaussées.

DEUXIÈME SECTION.

SERVICE HYDRAULIQUE.

I

CANAL D'IRRIGATION DE CARPENTRAS

(DÉPARTEMENT DE VAUCLUSE.)

MINISTÈRE DE L'AGRICULTURE, DU COMMERCE ET DES TRAVAUX PUBLICS.

Un atlas de plans et dessins.

Nº 4281 (9ᵉ) du catalogue français.

Développement. — Le canal d'irrigation de Carpentras a sa prise d'eau à la rivière de Durance, et va se décharger dans la rivière de l'Aigues.

Le développement de la ligne principale est de	85.357ᵐ,48
Ses grandes dérivations, au nombre de cinq, ont ensemble une longueur de.	52.719 ,20
Le développement total des rigoles de distribution, dites Filioles, est de	362.588 ,60
Longueur totale du réseau.	478.665ᵐ,28

Débit. — La portée du canal va en diminuant de l'amont à l'aval. A l'origine elle peut aller jusqu'à 16 mètres cubes par seconde. Le volume d'eau emprunté à la Durance, au plus bas étiage, correspond à un débit de 10 mètres cubes par seconde, se partageant entre trois associations de la manière suivante :

Association de Cabédan-neuf et du Plan Oriental . . .	2 mèt. cubes.
Association de l'Isle.	2 —
Association de Carpentras.	6 —
Total pareil.	10 mèt. cubes.

Surface arrosable. — Les terres que leur situation rend arrosables dans le périmètre de chaque association, présentent les contenances suivantes :

Association de Cabédan-neuf et du Plan Oriental.	4.500 hectares.
Association de l'Isle..	5.800 —
Association de Carpentras	16.650 —
Contenance totale du périmètre irrigable. . . .	26.950 hectares.

Sur ce total on arrose déjà ou on arrosera prochainement :

Dans le périmètre de Cabédan-neuf et du Plan Oriental	1.400 hectares.
Dans le périmètre de l'association de l'Isle.	1.600 —
Dans le périmètre de l'association de Carpentras.	6.000 —
Contenance totale des terres arrosées.	9.000 hectares.

Syndicats. — Ces irrigations s'étendent sur les territoires de dix-huit communes.

L'association de Carpentras s'étant formée la dernière, a utilisé le canal déjà ouvert pour les deux autres associations : elle l'a agrandi et considérablement prolongé à ses frais, avec un faible secours sur les fonds du Trésor.

Chaque association est administrée par un syndicat particulier.

Un syndicat mixte est chargé d'administrer la partie du canal principal commune aux trois associations.

Les travaux ont été projetés et exécutés par les ingénieurs des ponts et chaussées, assistés par MM. les conducteurs et employés secondaires faisant partie du personnel de l'État.

Les ouvrages les plus remarquables du canal d'irrigation dont il s'agit sont la prise d'eau dans la Durance, l'aqueduc de Galas, sur le vallon de Vaucluse, plusieurs aqueducs-siphons, etc.

Les ingénieurs qui ont pris part à l'exécution du canal de Carpentras sont :

MM. Perrier et Gendarme de Bévotte, ingénieurs en chef des ponts et chaussées; Coute, ingénieur ordinaire des ponts et chaussées, qui n'a cessé de suivre cette grande entreprise depuis son origine jusqu'à l'achèvement des travaux.

CARTE HYDROGRAPHIQUE DE LA DOMBES.

—

MINISTÈRE DE L'AGRICULTURE, DU COMMERCE ET DES TRAVAUX PUBLICS.

Une carte en douze feuilles reliée en atlas.
N° 1251 (17) du catalogue français.

Objet de la carte. — Il existe dans le département de l'Ain un vaste territoire de 100.000 hectares environ, dont plus de la sixième partie a été transformée en étangs au nombre de 1.600 environ. Cette contrée, qui comprend presqu'en entier l'ancienne principauté de Dombes, est extrêmement insalubre. Cette insalubrité est due à l'existence des étangs, qui sont desséchés tous les deux ans, pour être pêchés puis cultivés en céréales; aussitôt, après l'enlèvement de la récolte de céréales, ils sont remis en eau et repeuplés de jeunes poissons.

L'insuffisance de la population et diverses circonstances trop longues à indiquer ont déterminé, à une époque déjà ancienne, ce désastreux système de culture.

Le gouvernement, décidé à faire disparaître l'affligeant contraste que présente cette contrée avec celles qui l'environnent, a prescrit aux ingénieurs des ponts et chaussées de dresser une carte hydrographique de la Dombes, qui permît à l'Administration d'apprécier les mesures à prendre en vue de l'assainissement et de la transformation agricole du pays.

Construction de la carte. — Cette carte renferme dans son périmètre 105,000 hectares.

La planimétrie a été établie sur les plans du cadastre revisés et réduits à l'échelle de 1 pour 20.000.

Les plans particuliers de chaque commune ont été reliés et assemblés au moyen d'un canevas trigonométrique, dont les bases appartiennent aux triangles de second ordre de la triangulation générale de la France.

Tous les mouvements de terrain y sont tracés au moyen de courbes horizontales déterminées par des nivellements exacts.

Tous les étangs, tous les cours d'eau sans exception, y compris même tous les fossés de vidange des étangs, y sont figurés en bleu avec la direction des écoulements.

Les diverses cultures y sont figurées par des signes conventionnels qui reproduisent graphiquement à peu près ces cultures. Cette carte permet d'étudier avec facilité les voies de communication à créer, les travaux à exécuter dans un but d'assainissement, de drainage ou d'irrigation. Cette carte permet aussi d'indiquer, au moyen de teintes conventionnelles, les étangs qui ont été desséchés, ceux en voie de l'être, en un mot, de suivre la marche progressive des dessèchements.

Enfin, tout en simplifiant considérablement l'étude des travaux à entreprendre, elle permet à l'Administration de saisir l'effet spécial de chaque projet pour l'amélioration générale du pays.

La carte de la Dombes a été exécutée sous la direction de M. Tarbé, ingénieur en chef des ponts et chaussées, et de M. Ruinet, ingénieur ordinaire des ponts et chaussées, dans les ateliers de MM. Regnier et Dourdet, graveurs imprimeurs des Écoles impériales polytechnique et des ponts et chaussées.

III

VANNE AUTORÉGULATRICE

DE M. L. CHAUBART.

MINISTÈRE DE L'AGRICULTURE, DU COMMERCE ET DES TRAVAUX PUBLICS.

Un modèle à l'échelle de 0,1.
N° 1251 (48) du catalogue français.

Objet de l'appareil. — La vanne autorégulatrice, inventée par M. Chaubart, a pour but de débiter des volumes d'eau *variables*, de manière à maintenir le *niveau*, sensiblement *constant*, dans un canal ou un réservoir, malgré les variations des quantités d'eau qui y affluent.

M. Chaubart a construit, sur les mêmes principes, une vanne qui a pour objet de laisser écouler un *volume* d'eau sensiblement *constant*, malgré les variations de niveau du canal ou réservoir auquel elle est appliquée.

On comprend sans peine les services que peuvent rendre aux usines et aux canaux d'irrigation ou de navigation ces appareils fonctionnant ainsi d'eux-mêmes et sans la surveillance d'aucun employé.

Principe de la vanne. — Le modèle exposé représente une

vanne de M. Chaubart, destinée à maintenir un niveau constant dans le bief dont elle ferme un pertuis. Lorsque l'eau tend à dépasser la crête supérieure de la vanne arasée au niveau normal de la retenue, la vanne s'incline et l'eau s'écoule par-dessus et par-dessous le vantail. La courbe sur laquelle la vanne tourne en roulant, est calculée de manière que l'appareil ne puisse être en équilibre qu'autant que l'eau se maintient à la hauteur voulue. Si le niveau s'élève, le vantail s'incline et laisse passer plus de liquide; si le niveau s'abaisse, le vantail se redresse et diminue le volume d'eau qui peut s'écouler.

En modifiant convenablement le tracé et la position de la courbe de roulement de la vanne, M. Chaubart est parvenu à construire un appareil qui donne passage à sa partie inférieure à un volume d'eau sensiblement constant, quel que soit le niveau du bief. Les deux problèmes inverses l'un de l'autre, énoncés en commençant, se trouvent ainsi résolus d'une manière simple et déjà consacrée par plusieurs applications pratiques.

TROISIÈME SECTION.

RIVIÈRES.

I

BARRAGE ÉCLUSE DE LA CHAINETTE

SUR LA RIVIÈRE D'YONNE, A LA SORTIE DU PORT D'AUXERRE.

MINISTÈRE DE L'AGRICULTURE, DU COMMERCE ET DES TRAVAUX PUBLICS.

Un modèle à l'échelle de 0,1.
N° 1251 (11) du catalogue français.

Disposition générale. — Le barrage éclusé de la Chainette a été construit pendant les années 1859 et 1860 à la sortie du port d'Auxerre, en aval de l'embouchure du canal du Nivernais, pour remplacer deux anciens barrages à planchettes à faibles chutes et la dernière écluse du canal du Nivernais. Il fonctionne très-bien depuis 1861.

La chute du nouveau barrage de la Chainette est de 1^m,50 par rapport à l'étiage ; sa longueur est de 42^m,20 entre une

écluse sur la rive gauche et une pile-magasin sur la rive
droite. Le radier, entièrement en maçonnerie, encastré dans
le rocher calcaire, a une largeur de 10 mètres dans le sens
de la rivière, et une épaisseur maximum de $1^m,17$ sous le
heurtoir ; le dessus de ce heurtoir, ou seuil du barrage, est
à $0^m,50$ sous l'étiage.

La passe, qui comprend toute la largeur du barrage, est
munie de trente-six fermettes en fer à T espacées entre elles
de $1^m,112$ d'axe en axe, à l'exception de la première, près de
l'écluse, qui est à $2^m,168$ du parement extérieur du bajoyer
du large de cette écluse, et la dernière qui est à $1^m,112$ de
l'épaulement de droite, lequel fait partie du soubassement
de la pile-magasin.

Fermettes. — Chaque fermette a la forme d'un trapèze,
une hauteur de $2^m,45$, une largeur de $1^m,90$ à la base et de
$1^m,25$ au sommet ; la base est terminée par deux tourillons
retenus dans deux crapaudines en fonte scellées dans le
radier. C'est à l'aide de ces tourillons et de chaînes en fer
réunissant les têtes de deux fermettes voisines qu'on peut
relever ou abattre à volonté ces fermettes. Pour tenir les
fermettes relevées et fixes on réunit les têtes de deux fermettes voisines par deux barres en fer, l'une dite barre à
griffe placée à l'aval, et l'autre, dite barre à échappement,
placée à l'amont. Chaque barre à échappement porte à une de
ses extrémités un œil qui embrasse un piton placé à la tête
de chaque fermette en partant de la pile-magasin ; l'autre
extrémité de la barre à échappement s'appuie sur la tête de
la fermette suivante. C'est contre cette barre à échappement
et contre le heurtoir du radier que s'appuient les aiguilles
en bois qui ferment la passe. Les têtes de ces aiguilles sont
munies d'anneaux en fer dans lesquels passe une corde ou
cincenelle ; il y a une cincenelle pour toutes les aiguilles

d'une travée comprise entre deux fermettes ; toutes ces cin-
cenelles sont attachées à un câble qui permet, quand le barrage est ouvert, de retenir et de recueillir toutes les aiguilles.
Le système d'échappement des fermettes appliqué au barrage de la Chaînette est très-simple ; il est de l'invention de
M. Salmon, conducteur des ponts et chaussées attaché au
service de la navigation de l'Yonne. Enfin des planches lé-
gères en bois blanc appuyées sur les traverses supérieures
des fermettes forment un plancher nécessaire pour les manœuvres du barrage.

Pour ouvrir le barrage de la Chaînette, les deux éclusiers
mettent vingt minutes ; pour le refermer en entier ils em-
ploient un treuil au levage des fermettes et mettent trois
heures en tout.

Écluse, pile-magasin. — L'écluse qui est accolée au barrage
sur la rive gauche ne présente aucune particularité remarquable ; elle a ses deux bajoyers en maçonnerie fondés sur le
rocher ; le sas a une longueur de 93 mètres entre les enclaves
des portes et une largeur de 8^m,50 ; les portes sont en bois ;
les buscs sont au même niveau et à 1^m,20 sous l'étiage. La
chute est celle du barrage.

La pile-magasin, qui sert d'épaulement à la rive droite
du barrage, est accompagnée en aval d'un déversoir fixe en
maçonnerie long de 200 mètres et ayant l'arête de son couronnement horizontale et arasée au niveau de la retenue.

Perfectionnements — Le système de fermeture appliqué
au barrage de la chaînette est dû à M. l'inspecteur général
des ponts et chaussées Poirée. Dans les premiers barrages
de ce système, les fermettes étaient fixées au radier au
moyen de grillages en bois encoffrés dans le radier et maintenus par des calles et des coins ; dans les longrines s'en-
gageaient les tourillons des fermettes ; la longrine d'amont

servait de heurtoir aux aiguilles. L'expérience démontra l'insuffisance des grillages en bois qui, par suite de l'usure et des secousses, se soulevaient aisément et fréquemment par partie et quelquefois en totalité. C'est pour remédier à cet inconvénient qu'après divers essais on a substitué aux grillages le mode d'attache des fermettes appliqué au barrage de la chaînette.

On a également appliqué au barrage de la chaînette un système d'échappement qui diminue notablement la durée de la manœuvre pour l'ouverture de la passe. Comme dans tous les systèmes d'échappement appliqués en divers points, la durée de la fermeture n'est pas diminuée.

Utilité du barrage. — Les avantages obtenus par l'établissement du barrage de la Chaînette sont incontestables et de plusieurs sortes : d'abord il a permis d'agrandir l'étendue et le tirant d'eau du port d'Auxerre ; ensuite il a rendu plus facile le passage des trains de bois par le barrage et des bateaux par l'écluse ; en troisième lieu il contribue à augmenter d'une manière notable la force des éclusées de la rivière en retenant en amont un plus grand volume d'eau ; enfin il facilite beaucoup le rapide écoulement des crues. Ce barrage, qui fonctionne actuellement avec avantage dans le régime de la navigation intermittente par éclusées en usage jusqu'à ce jour sur la rivière d'Yonne, est d'ailleurs établi de manière à entrer un jour dans le système de navigation continue, projeté et en exécution sur l'Yonne et sur la Seine.

Dépense. — La dépense totale des travaux du barrage de la Chaînette, de l'écluse qui lui est accolée et de tous les accessoires, se décompose de la manière suivante :

Ouvrages à l'entreprise.	268.699ᶠ,73
Dépense en régie.	60.331 ,83
Total.	329.031ᶠ,56

Voici le détail de cette dépense :

Terrassements pour creuser un nouveau lit de rivière dans l'emplacement d'une île, etc.	53.589^f,91
Défenses des berges et talus.	12.118,56
Empierrements des chemins de halage.	3.418,18
Barrage; le radier avec la partie mobile et les agrès.	29.251,22
La pile-magasin.	12.615,56
Le déversoir de 200 mètres de longueur.	21.151,56
L'écluse avec ses portes	77.185,55
Les deux maisons éclusières	12.226,51
Les batardeaux pour fonder à sec sur le rocher.	51.111,00
Dépenses diverses y compris remboursement des frais d'octroi.	15.091,18
	268.099^f,75
* Les dépenses en régie pour épuisements, ponts de service, frais de surveillance, indemnités, etc	60.551,85
Dépense totale.	329.651^f,56

Le projet du barrage de la Chaînette a été dressé et les
travaux dirigés par M. Marini, ingénieur ordinaire des ponts
et chaussées, sous les ordres de M. Cambuzat, ingénieur en
chef des ponts et chaussées. M. le conducteur principal
Millon a surveillé les travaux depuis le commencement jusqu'à la fin de l'entreprise.

II

BARRAGES A HAUSSES MOBILES

CONSTRUITS SUR LA HAUTE SEINE.

MINISTÈRE DE L'AGRICULTURE, DU COMMERCE ET DES TRAVAUX PUBLICS.

Un modèle à l'échelle de 0,1.
Nᵒ 1251 (16) du catalogue français.

Dispositions générales. — Une hausse mobile est un cadre en charpente ou en tôle suspendu sur un axe horizontal, autour duquel il peut tourner.

Cet axe peut être fixe, ou supporté sur un chevalet qui peut à la fois tourner sur sa base et être maintenu debout par un arc-boutant qui s'appuie contre un heurtoir fixe; enfin l'arc-boutant peut être détaché de son heurtoir au moyen d'une barre armée de talons, commandée par un treuil.

Plusieurs hausses juxta-posées forment un barrage.

Si l'axe de suspension d'une hausse est placé à la moitié de sa hauteur ou au-dessus de cette moitié, la hausse ne tournera pas sur son axe quelle que soit la quantité dont l'eau s'élève en amont au-dessus de la tête de la hausse, mais si l'axe est au tiers ou très-près du tiers de la hauteur, la hausse pourra tourner sur cet axe, quand l'eau aura atteint cette tête; enfin la même hausse se redressera d'elle-même quand la dénivellation de l'eau se sera réduite d'une certaine quantité.

Telles sont les principales propriétés de ce système.

Historique. — Les premiers essais remontent à 1852 ; le
principe en fut représenté par un modèle à l'exposition de
Paris en 1855 ; et l'on construisit de 1855 à 1857, sur la
Seine, près du village de Conflans, un barrage composé :

1° D'une passe navigable de 35 mètres de largeur fermée
par vingt-neuf hausses de 2^m,55 de hauteur et de 1^m,10
de largeur ;

2° D'un déversoir de 26 mètres de longueur fermé par
des hausses de 1^m,20 de largeur et de 1^m,35 de hauteur.

Il a été rendu compte des manœuvres et des expériences
faites sur ce barrage dans un mémoire inséré en 1859 dans
les *Annales des ponts et chaussées* ; un second mémoire, inséré dans les mêmes annales en 1862, contient sur ce système les renseignements les plus circonstanciés. Il est donc
inutile de revenir ici sur ces détails, qui se résument ainsi :

Deux hommes abattent facilement et sans courir le moindre danger un mètre courant de la passe navigable du barrage de Conflans en 5 secondes et le relèvent en 90 secondes ; la manœuvre des hausses du déversoir se fait plus
rapidement encore.

A la suite des expériences nombreuses faites sur le barrage de Conflans et répétées de 1857 à 1862, le ministère
des travaux publics autorisa l'application de ce système à
une quarantaine de barrages en construction sur l'Yonne,
la Seine et la Marne, et prescrivit même d'en augmenter
les dimensions.

Les plus grands de ces barrages sont en exécution sur
la Seine, certains d'entre eux ont une passe navigable de
54^m,70 de largeur, fermée par quarante-deux hausses de

5^m,11 de hauteur et 1^m,20 de largeur; et un déversoir de
70^m,10 de largeur fermé par cinquante hausses de 2 mètres
de hauteur et 1^m,50 de largeur.

Tous les barrages de l'Yonne, de la Marne et de la Seine
sont en construction; l'un des plus grands de la Seine sera
terminé cette année.

Pourra-t-on donner aux hausses plus de hauteur, les employer à d'autres usages qu'à des barrages mobiles, par
exemple pour certaines écluses de chasse, pour certaines
usines? c'est probable. Mais il faut, avant de le tenter, que
l'expérience vienne confirmer les prévisions des calculs.

Description du modèle. — Le modèle admis à l'exposition
universelle de Paris représentait plutôt l'idée du système
que le système lui-même. Le modèle admis à l'exposition
universelle de Londres, en 1862, représente au contraire le
système exécuté avec toutes les améliorations indiquées par
l'expérience. On y remarque, en sus des principaux organes :

Les attaches du seuil au radier;

La gorge de la glissière et la forme du beurtoir;

La forme des colliers de la hausse et de leurs arrêts pour
qu'elle ne puisse prendre de l'amont vers l'aval plus de 15°
d'inclinaison;

Les chaînes de traction;

Le bateau de manœuvre et sa poulie mobile;

Le mécanisme du contre-poids mobile des hausses auto-
mobiles;

La simplicité des organes de la barre à talons.

Au point de vue théorique et pratique on doit encore remarquer que l'on peut calculer maintenant le poids et la course
du contre-poids mobile de manière qu'une hausse se mette
en bascule ou se redresse pour des hauteurs d'eau déterminées.

Prix. — Les dépenses faites pour le barrage de Conflans, terminé en 1857, ont été les suivantes :

Le mètre courant du radier de la passe navigable.	1.280 fr.
Le mètre courant du déversoir.	850
Le mètre courant du barrage total.	2.010
Une hausse de passe navigable.	280
Une hausse de déversoir.	180
Un mètre courant de barre à talons avec ses accessoires.	50
Un treuil.	580
Le bateau de manœuvre et ses agrès.	820

Les mêmes parties pour les barrages en construction sur la Seine, sont estimées :

Le mètre courant du radier de la passe navigable.	1.820 fr.
Id. du déversoir.	1.360
Id. du barrage total.	3.000
Une hausse de passe navigable.	620
Une hausse de déversoir.	510
Un treuil pour les barres à talons.	630
Le bateau de manœuvre et ses agrès.	1.500

Origine du système. — Si l'on cherche à rattacher le système des hausses mobiles aux systèmes qui l'ont précédé, on peut dire qu'il a emprunté aux projets de feu M. l'inspecteur général de Cessart l'axe de suspension des hausses ; au barrage de l'Orb, exécuté par les anciens ingénieurs du canal du Midi, l'arc-boutant ; aux barrages de l'Ile exhaussés par feu M. l'ingénieur en chef Thenard, la barre à talons ; aux beaux travaux de M. l'inspecteur général Poirée, le mode d'attache des parties mobiles sur le radier.

Le reste du système est dû à M. l'ingénieur en chef des ponts et chaussées Chanoine, puissamment aidé dans ses travaux par M. le conducteur Nicolle, en ce qui concerne l'agencement des pièces ; par M. l'agent secondaire Lambert, pour les expériences faites à Conflans ; et, dans ces derniers temps, pour les études théoriques et l'établissement des formules mathématiques, par M. de Lagrené, ingénieur des ponts et chaussées.

III

BARRAGES A HAUSSES MOBILES

CONSTRUITS SUR LA MARNE.

MINISTÈRE DE L'AGRICULTURE DU COMMERCE ET DES TRAVAUX PUBLICS.

Un modèle à l'échelle de 0,1.
N° 1231 (12) du catalogue français.

Exposé. — Sur les douze barrages exécutés ou en cours d'exécution pour améliorer la navigation de la Marne, entre Épernay et Meaux, deux sont à fermettes mobiles, du système inventé par M. l'inspecteur général Poirée. Les dix autres sont en pierres sèches, surmontés de hausses mobiles d'un nouveau système, représenté dans le modèle exposé.

Ces barrages se composent d'une écluse, d'un pertuis et d'un déversoir.

Leur chute est au minimum de $1^m,81$, au maximum de $2^m,10$ et en moyenne de $2^m,04$.

Écluse. — L'écluse a $7^m,80$ de largeur entre ses bajoyers, $64^m,10$ de longueur entre ses plans de tête et 51 mètres entre les buscs.

Pertuis. — Le pertuis est accolé à l'écluse ; son ouverture, qui varie de 12 à 15 mètres dans les trois premiers barrages, a été portée uniformément à 25 mètres dans les neuf autres ; il est séparé du déversoir par une pile en maçonnerie de 12ᵐ,5o de longueur, arasée au même niveau que les bajoyers de l'écluse.

Le pertuis est fermé par des hausses à bascule appliquées sur la Haute-Seine, et dont un modèle est compris dans les objets exposés (voir notice précédente).

Déversoir. — Le déversoir occupe le reste du lit de la rivière ; il s'appuie à l'une de ses extrémités contre la pile du pertuis et à l'autre contre une culée dont les murs en retour s'enracinent dans la rive.

Ce déversoir, qu'on n'eût pu rendre entièrement fixe sans exposer la vallée à de fréquentes inondations, se partage à peu près également, sur sa hauteur, en partie fixe et en partie mobile.

Partie fixe du déversoir. — La partie fixe se compose d'un massif en pierres sèches immergées dans des encoffrements en charpente et recouvert par un pavage en glacis qui le soustrait à l'action des eaux.

Ces encoffrements sont maintenus par trois lignes de pieux et palplanches moisés. Dans la ligne située en amont les intervalles des pieux ont été remplis avec des palplanches jointives destinés à soustraire le pavage des glacis aux sous-pressions de l'eau. C'est dans l'espace compris entre les deux vannages d'amont et supporté par leurs moises que se trouve placé l'appareil mobile.

Partie mobile du déversoir. — L'appareil mobile se compose d'une série de vannes indépendantes les unes des autres et tournant autour d'une charnière horizontale placée dans leur milieu. La moitié supérieure est la hausse proprement dite, c'est celle qui opère la retenue ; la moitié inférieure, que nous appellerons contre-hausse, n'a d'autres fonctions que d'entraîner la hausse dans les mouvements qu'on lui imprimera à elle-même. Cette dernière est enfermée dans un quart de cylindre horizontal en tôle, de même longueur qu'elle, d'un rayon égal à sa largeur, dont l'axe coïncide avec sa charnière et dans lequel elle peut, par conséquent, accomplir un quart de révolution. Les parois planes de ce quart de cylindre, ou si l'on veut de ce tambour, ne passent pas exactement par son axe; l'une, celle qui est horizontale, a été légèrement surélevée parallèlement à elle-même, et l'autre, celle qui est verticale, a été reculée de même, de manière qu'elles laissent chacune un vide rectangulaire entre elles et la contre-hausse, lorsqu'elle sera parvenue dans ses positions extrêmes. Celle-ci a d'ailleurs été légèrement contournée, afin de diminuer la surélévation de la paroi horizontale et de l'empêcher ainsi de masquer une partie de la hausse. Enfin, les extrémités du tambour sont fermées par deux cloisons en tôle, dans chacune desquelles ont été pratiquées deux ouvertures rectrangulaires, correspondantes aux vides dont il vient d'être question.

Les tambours, ainsi armés de leurs hausse et contre-hausse, sont descendus dans l'intervalle que laissent entre eux les deux vannages d'amont du déversoir, la convexité de la partie cylindrique tournée vers l'amont.

Appareil moteur. — Immédiatement à l'amont et à l'aval de la partie du déversoir occupée par les tambours, ont été ménagés dans les corps de la pile deux puits verticaux, communiquant par des aqueducs, l'un avec le bief d'amont, l'autre avec le bief d'aval, et ces deux puits ont été, d'un autre côté, mis en communication entre eux au moyen de deux tubes horizontaux en fonte noyés dans les maçonneries et fermés par des ventelles à chacune de leurs extrémités. Ces tubes se bifurquent au droit des ouvertures pratiquées dans les bases des tambours et viennent, en traversant la pile, se relier avec ces derniers de manière à

correspondre, l'un avec leur compartiment d'amont et l'autre
avec leur compartiment d'aval.

Manœuvre de la partie mobile du déversoir. — Cela
posé, si l'on suppose les quatre ventelles des tubes de
la pile fermées, toutes les hausses couchées sur le déversoir, et par conséquent toutes les contre-hausses horizontales, et que l'on vienne à ouvrir la ventelle d'amont du
tube correspondant au compartiment d'amont des tambours,
l'eau du bief supérieur va immédiatement remplir ce compartiment, et pressant ensuite les contre-hausses avec une
force correspondante à sa hauteur au-dessus d'elles, les
chassera devant elle jusqu'à ce que des heurtoirs placés
dans les tambours viennent les arrêter dans leur course, à
l'instant où les hausses, entraînées dans ce mouvement,
seront arrivées dans une position verticale.

Si maintenant on vient à fermer la ventelle d'amont
que l'on avait ouverte et à ouvrir celle d'aval, qui était
restée fermée, l'eau entrée dans le compartiment s'écou-
lera dans le bief inférieur, les contre-hausses, déchargées
de la pression qu'elle exerçait sur elles, ne pourront continuer à maintenir les hausses dans leur position verticale,
et celle-ci, cédant à l'effort qu'elles supportent, se couche-
ront sur le déversoir.

Les manœuvres de relevage et d'abatage des hausses se
trouveront donc ramenées simplement à celles de l'ouverture
ou de la fermeture de deux ventelles ; de plus, comme la
rapidité avec laquelle elles s'accompliront dépend de celle
avec laquelle aura lieu le remplissage ou la vidange du compartiment, on conçoit qu'on peut à volonté en graduer la
durée de manière qu'elles s'effectuent doucement sans secousses et sans chocs ; conditions essentielles au point de vue
de l'entretien du mécanisme.

Hausses à béquille. — Il peut arriver, comme au barrage de Courcelles, qu'il soit nécessaire de régler la hauteur des eaux, et par suite de n'abaisser qu'une partie des hausses; on a, pour ce cas particulier, introduit dans le système précédent une modification. Chacune des hausses a été munie d'une contre-fiche, ou béquille, dont l'extrémité supérieure est fixée par une charnière à l'un de ses bras, tandis que le pied est assujetti à se mouvoir dans une coulisse ou glissière en fonte, encastrée dans les entretoises inclinées du déversoir. Une barre en fer à cornières, logée dans une coulisse ménagée à cet effet dans le glacis, un peu en arrière de la position occupée par le pied des béquilles, règne horizontalement d'une extrémité à l'autre du déversoir; elle traverse toutes les glissières et l'une de ses branches, la branche horizontale, en affleure le fond, tandis que l'autre, la branche verticale, s'appuie contre leurs lèvres; elle est d'ailleurs entièrement libre, et peut se mouvoir longitudinalement. Si, dans cet état, on vient à faire aux tubes de la pile la manœuvre d'abatage, le pied des béquilles rencontrant presque aussitôt la branche verticale de la cornière, s'arrêtera contre ce heurtoir et les hausses conserveront leur position verticale; mais si cette branche a été échancrée de distance en distance par des espèces d'entailles ou de coches rectangulaires, et que l'on ait amené préalablement quelques-unes de ces coches à correspondre avec les gorges d'un même nombre de glissières, rien ne s'opposera dans celles-ci au glissement du pied des béquilles, et les hausses dont elles dépendent s'abattront comme elles l'eussent fait sans ces dernières. Il aura donc suffi d'espacer convenablement ces coches pour que l'on puisse abattre à volonté un nombre quelconque de hausses.

À l'aide de deux barres à coches, on peut encore abattre

à volonté un nombre déterminé de hausses, soit de toute leur
hauteur, soit de la moitié seulement de cette hauteur; on
peut ainsi, par exemple, abaisser à volonté la crête du déversoir de o^m,5o sur toute sa longueur, et très-probable-
ment cette manœuvre, qui n'exige qu'une seule barre à
coches, suffirait à tous les besoins. Cependant, pour parer
à toutes les éventualités, on en a placé deux au barrage de
Courcelles, et elles ont été disposées de manière à pouvoir
abattre les hausses par multiples de cinq.

On a mis aux deux extrémités du barrage, dans la culée
comme dans la pile, un système de tubes et de ventelles pour
l'abatage ou le relevage des hausses; il est résulté de cette
disposition divers avantages.

En raison du plus grand volume d'eau jeté dans les tambours, la manœuvre peut être plus sûre et plus rapide.

On peut faire des chasses dans les tambours et enlever
les graviers qui s'y accumulent.

En produisant deux courants en sens contraire aux deux
extrémités, on peut, en les neutralisant l'un par l'autre au
milieu, maintenir levées un certain nombre de hausses et ne
faire baisser que celles des bouts. L'expérience a démontré
qu'on peut ainsi abattre pour ainsi dire un nombre déterminé de hausses, ce qui rend même inutile la première barre
à coches.

Le modèle exposé fait voir les dispositions principales des
déversoirs des deux barrages de Damery et de Courcelles.
L'un a 5o mètres de longueur et l'autre 45 mètres. La chute
du premier est de 1^m,81, celle du second de 2 mètres. On a
donné dans le modèle une même dimension à tous les tambours.

Le barrage de Damery a été commencé en 1855 et terminé en 1858; celui de Courcelles a été commencé en 1860

et ne sera terminé que dans le cours de cette année.

Les manœuvres d'abatage au barrage de Damery exigent en général, pour que toutes les hausses soient couchées sur le déversoir, d'une minute et demie à deux minutes ; celles de relevage, exécutées immédiatement après et contre l'effort de la cataracte, exigent de deux à trois minutes.

Le déversoir a coûté, y compris les appareils moteurs de la pile et de la culée, 61.530 fr., ce qui donne pour le prix d'un mètre courant, 1.230 fr.

La culée a coûté 10.950 fr. ; si on la considère comme partie intégrante du déversoir, le prix du mètre courant s'élève à 1.430 fr.

Enfin, à l'aval du déversoir, a été construit un arrière-radier de 20 mètres de largeur composé de gros blocs en pierres sèches s'appuyant à l'aval contre une ligne de pieux demi-jointifs, et maintenus dans l'intervalle par neuf lignes de pieux battus en quinconce à $1^m,50$ l'un de l'autre ; cet arrière-radier a coûté 14.500 fr. ; si l'on veut encore ajouter cette dépense aux précédentes, elle portera le prix du mètre courant à 1.740 fr.

Le système des hausses mobiles appliqué sur la Marne est dû à M. Louiche-Desfontaines, ingénieur en chef des ponts et chaussées.

Le barrage de Damery a été construit, sous la direction de M. Desfontaines, par M. Carro, ingénieur des ponts et chaussées. M. Carré, conducteur des ponts et chaussées, a été pour les ingénieurs un précieux auxiliaire.

L'entrepreneur du mécanisme de ce premier appareil est M. Joly.

Le barrage de Courcelles a été établi, toujours sous la direction de M. Desfontaines, par M. Holleaux, ingénieur des ponts et chaussées.

II

RESERVOIR DES SETTONS

DESTINÉ A ALIMENTER EN ÉTÉ LA RIVIÈRE D'YONNE.

MINISTÈRE DE L'AGRICULTURE, DU COMMERCE ET DES TRAVAUX PUBLICS.

Un modèle de la coupe de la digue à l'échelle de 0,04.
Une vue d'ensemble à l'aquarelle.
N° 1251 (17) du catalogue français.

Historique. — Depuis plusieurs siècles la navigation descendante sur la rivière d'Yonne n'a lieu, en temps ordinaire, pendant sept à huit mois de l'année, de mars en novembre, qu'à l'aide des éclusées, c'est-à-dire de crues factices produites par la fermeture et le débouchage régulier et successif des pertuis et barrages établis sur son cours. Vers le milieu du siècle dernier, l'administration, le commerce de bois et la marine commencèrent à se préoccuper de l'appauvrissement des éclusées dû à diverses causes et des moyens d'y remédier. Le meilleur de ces moyens parut être d'approvisionner, dans les parties hautes de l'Yonne et de ses affluents, de grandes masses d'eau qui seraient recueillies en hiver et utilisées en été pour fortifier les éclusées ; des recherches et des études furent faites dans ce but. En 1785, on proposa d'établir deux grands réservoirs, l'un dans la vallée d'Andryes, en aval de Clamecy, et l'autre dans la plaine des Settons, près de Montsauche, en Morvan. Ces projets furent repris en 1804 et 1805. Il fut encore question, en 1815, en 1828 et en 1855, d'alimenter la rivière d'Yonne à l'aide de réservoirs. Enfin la loi du 31 mai 1846, en affectant un crédit de 6.500.000 fr. à l'amélioration de la navigation de l'Yonne, autorisa l'exécution d'un seul réservoir, celui des Settons, qui fut commencé en 1855 et terminé en 1858.

Capacité. — Depuis près de quatre ans le réservoir des Settons a rendu de très-grands services au flottage des bois et à la navigation, surtout pendant les années sèches de 1859 et de 1861. La superficie de ce réservoir est de 400 hectares, sa capacité de 22 millions de mètres cubes, avec une hauteur maximum de retenue de 18 mètres au-dessus du seuil de la bonde de fond.

Les ingénieurs ont toujours compté, et comptent avec certitude, que chaque année le réservoir pourra se remplir deux fois. Le bassin de la Cure, en amont du barrage du réservoir des Settons, a une superficie de 4.400 hectares; il tombe moyennement par an une hauteur d'eau pluviale de $1^m,38$, ce qui donne sur tout ce bassin un cube d'eau tombée égal à . . . .   60.720.000 m. c.

La quantité d'eau évaporée annuellement sur le réservoir, supposé constam-
ment plein, est égale à une hauteur d'eau
de $1^m,46$; pour la surface de 400 hectares cela donne un cube de 5.840.000

Reste un cube de. . . . .   54.880.000 m. c.

4

en négligeant les pertes par imbibition, qui sont très-faibles dans un terrain granitique, et les pertes par évaporation sur le reste du bassin, qui ne peuvent pas être fortes dans un pays boisé, élevé et froid.

Le réservoir des Settons est situé à 565 mètres au-dessus du niveau de la mer.

On a d'ailleurs fait pendant deux ans le jaugeage journalier des eaux débitées par la rivière de Cure à quelques kilomètres en aval des Settons, et l'on a trouvé un débit moyen annuel de 55 millions de mètres cubes. Ce résultat concorde avec ce qui précède.

Digue du réservoir. — La vaste plaine des Settons est admirablement bien disposée pour l'établissement d'un grand réservoir ; elle se termine vers l'aval par une gorge étroite dans laquelle a été construit le barrage de retenue ; ce barrage est un simple mur de maçonnerie brute de granit avec mortier hydraulique encastré dans le rocher granitique ; les couronnements des parapets, les angles des épanchoirs, etc., sont en pierre de taille de granit. L'épaisseur de ce mur est de $4^m,88$ au couronnement et de $11^m,40$ à la base, avec un fruit de $0^m,044$ par mètre à l'amont et de $0^m,303$ par mètre à l'aval ; sur le parement d'aval sont adaptés des pilastres de $0^m,50$ d'épaisseur destinés à couper le nu de cette grande surface. La longueur du barrage au couronnement est de 271 mètres et la hauteur totale entre le radier de la bonde de fond et le dessus du couronnement est de 20 mètres.

Prises d'eau. — Le barrage est percé par trois systèmes d'aqueducs ou épanchoirs, placés, l'un au fond, l'autre à 6 mètres, et le troisième à 12 mètres de hauteur ; chaque épanchoir est formé de cinq aqueducs ayant chacun $0^m,70$ de largeur et 1 mètre de hauteur. Ces aqueducs sont fermés par des vannes en bois qu'on manœuvre avec des crics, en se plaçant sur des plates-formes ménagées à l'amont du barrage. Pour les deux premiers épanchoirs, les supports des crics sont fixés au mur ; mais le cric est mobile, et on le descend du haut du barrage à l'aide d'une chaîne et d'une potence mobile ; on l'applique sur des coulisses qui permettent de le présenter au-dessus de chaque tige de ventelle qu'il embrasse au moyen d'un encliquetage ; on remonte ce cric avec la chaîne et la potence. Tout ce système, fort ingénieux et simple, est de l'invention de M. l'ingénieur Marini. À l'épanchoir supérieur sont adaptés cinq crics fixes, qui sont toujours au-dessus de l'eau.

L'épanchoir ou déversoir de superficie est formé de deux aqueducs, ayant chacun 5 mètres d'ouverture et fermés par des poutrelles qu'on place à volonté.

Enfin, à la sortie du déversoir et des deux épanchoirs supérieurs sont creusées des rigoles de fuite qui se réunissent dans le lit même de la Cure sur lequel est établi le premier épanchoir, celui du fond.

Un gardien intelligent manœuvre seul les épanchoirs ; il prend un aide pour manœuvrer les poutrelles du déversoir. Des ordres sont expédiés d'Auxerre à cet agent pour la quantité d'eau qu'il doit lâcher par seconde et pour la durée des lâchures ; on lâche ordinairement de 5 mètres cubes à 10 mètres cubes par seconde ; au delà de 10 mètres cubes l'eau causerait de trop grands désastres sur les propriétés riveraines en aval.

Utilité du réservoir. — Bien que le réservoir n'ait été établi que pour favoriser le flottage et la navigation sur la rivière d'Yonne pendant l'été, c'est-à-dire à l'époque des basses eaux, il est appelé à rendre d'autres services importants. Ainsi, on donne chaque hiver de 3 à 5 millions de mètres cubes d'eau au commerce pour faire écouler les bois flottés à bûches perdues sur la rivière de Cure. De plus, les nombreuses usines situées sur cette rivière, et qui jadis chômaient l'été, sont maintenant en grande activité toute l'année. Enfin, si le réservoir n'est pas plein au moment d'un violent orage ou d'une grande pluie de plusieurs jours, il peut avoir une certaine influence sur les crues de la Cure et même de l'Yonne.

Dépenses. — La dépense d'établissement du réservoir se partage de la manière suivante :

Établissement du réservoir.	907.680f,46
Acquisitions de terrains	520,000 ,00
Total	1.527.680f,46

Le projet du barrage du réservoir des Settons a été dressé et modifié plusieurs fois, sur les décisions de l'Administration supérieure, par M. l'ingénieur ordinaire des ponts et chaussées Rozat de Mandres (aujourd'hui ingénieur en chef), de 1848 à 1855, sous les ordres de MM. les ingénieurs en chef des ponts et chaussées Vignon, Hernoux et Lepeuple. Les travaux ont été exécutés de 1855 à 1858, sous la direction de MM. les ingénieurs ordinaires des ponts et chaussées Olry de Labry et Marini, sous les ordres de MM. les ingénieurs en chef des ponts et chaussées Lepeuple, Guyot et Cambuzat, qui se sont succédé dans le service.

QUATRIÈME SECTION.

CANAUX.

I

RÉSERVOIR DE MONTAUBRY

POUR L'ALIMENTATION DU CANAL DU CENTRE.

MINISTÈRE DE L'AGRICULTURE, DU COMMERCE ET DES TRAVAUX PUBLICS.

Un modèle de la digue à l'échelle de 0 04.
Une vue d'ensemble à l'aquarelle.
N° 1251 (14) du catalogue français.

Description générale. — Le réservoir de Montaubry a été établi pour remédier à l'insuffisance des moyens d'alimentation du canal du Centre. Les premières études datent de 1857. Les travaux, déclarés d'utilité publique par décret du 16 février 1859, ont été adjugés au mois d'août suivant et terminés en 1861.

Une situation exceptionnellement favorable a déterminé le choix de l'emplacement qu'occupe cet ouvrage. Il est situé

à l'extrémité d'un bassin granitique de 1.600 hectares de
superficie, qui débouche dans la vallée de la Dheune par
une gorge sinueuse, au point le plus rétréci de laquelle on
a placé la digue formant barrage. De ce point au canal, la
distance en ligne droite est de 500 mètres, et le bief auquel
il correspond est à 4 kilomètres du bief de partage.

La digue est construite en terre et défendue contre l'action des eaux et des glaces par des murs indépendants, à
parement incliné, que relient entre eux des bermes ma-
çonnées (système de M. Vallée, inspecteur général des ponts
et chaussées en retraite). Sur le côté gauche, est ouvert et
taillé en gradin dans le rocher le déversoir. Sur le côté
droit, un massif de maçonnerie qu'enveloppe la digue contient les bondes de prise d'eau. Celles-ci, au nombre de
trois, communiquent au moyen d'un puits vertical avec un
aqueduc de fuite, qui se décharge dans la rigole d'amenée
des eaux au canal.

Cette rigole, tracée au pied du coteau que couronnent
les bois de Saint-Julien, aboutit à la Dheune immédiatement
en amont d'un barrage, qui crée sur ce point une retenue,
et qui, au moyen d'un aqueduc existant sous la tête d'amont
de la quatorzième écluse et d'un ancien ouvrage désigné
sous le nom de prise d'eau de cette écluse, permet de faire
entrer l'eau du réservoir et de la Dheune dans le bief du
canal.

La surface occupée par le réservoir est de 125 hectares,
y compris une zone de 20 hectares, située au-dessus du
déversoir, et qui doit être boisée de manière à s'opposer,
autant que possible, à la descente des terres et des sables
que les eaux pourraient entraîner dans le fond du réservoir.
Sa capacité est de 5.078.000 mètres cubes. Le bassin de
Montaubry ne renferme aucune source de quelque impor-

tance, mais on ne saurait évaluer à moins de 11 millions de mètres cubes la quantité d'eau qu'il reçoit annuellement par la pluie.

Digue-barrage. — La digue de Montaubry a 6 mètres de largeur en couronne. Sa hauteur, au-dessus du fond de la vallée, est de $16^m,58$. Au même niveau, sa largeur est de $55^m,70$, et sa longueur sur l'axe, de 39 mètres. Elle est surmontée d'un parapet en maçonnerie dont la saillie est de $1^m,20$, et dont l'axe est placé à $2^m,25$ de la crête du talus extérieur. Ce talus est réglé à un et demi de base pour un de hauteur. Telle est également l'inclinaison générale de chacune des trois parties du talus intérieur, que découpent les murs et les bermes du revêtement, et que divisent deux grandes bermes de 2 mètres de largeur, formant palier. L'une de ces bermes est située à 6 mètres au-dessus du pied de la digue, l'autre à 11 mètres.

Tout le massif de la digue, qui se trouve en amont de la crête extérieure, repose directement et s'appuie latéralement sur le rocher, purgé au préalable de toute partie tendre. Le plan de fondation est moyennement à 6 mètres au-dessous du fond de la vallée. Trois entailles continues, désignées sous le nom de clefs, font pénétrer ce massif dans le rocher et s'opposent à toute filtration.

La partie située en aval de la crête extérieure est établie sur le terrain naturel, dont on a fait disparaître toute trace de végétation, et contre le rocher nettoyé aussi bien que possible.

Un gazonnement obtenu par semis et des plantations protégeront le talus de cette dernière partie.

Le revêtement de l'autre partie se compose, comme on l'a dit, de murs indépendants et de bermes en maçonnerie. Ces murs sont parallèles entre eux et à l'axe de la digue. Leur hauteur est de o^m,80, et à l'exception du seizième, contre lequel s'appuie la berme supérieure, chacun d'eux rachète, avec la berme qui le suit, une hauteur totale de 1 mètre.

L'épaisseur moyenne de chacun des seize murs est de o^m,60.

Le premier repose sur une maçonnerie de 2 mètres d'épaisseur, faisant mur de garde et pénétrant de 1 mètre dans le rocher, au-dessous du plan de fondation de la digue. Tous les autres sont fondés sur un massif de béton de o^m,40 d'épaisseur, et de o^m,90 de largeur. Des moellons smillés et un couronnement en pierre de taille forment leur parement.

Les bermes qui les relient sont revêtues d'une couche de béton de o^m,185 que recouvre un enduit en bitume de o^m,015 d'épaisseur. Cet enduit pénètre de o^m,02 dans le béton le long du couronnement du mur inférieur et au pied du mur supérieur.

Le parapet qui surmonte la digue et sert de garde-vague est construit en moellons smillés. Il repose sur un massif en béton de o^m,55 d'épaisseur et de o^m,60 de largeur, et porte un couronnement en pierre de taille de o^m,55 de largeur et de o^m,60 de hauteur. Sa longueur totale est de 132^m,50.

Déversoir. — Le déversoir a 8 mètres de largeur et est arasé, au-dessus du fond de la vallée, à . . . . .   15^m,20

La hauteur de la digue étant, en y comprenant
la saillie du parapet, de. . . . .   17^m,78
                                                    ⎯⎯⎯⎯⎯⎯
La revanche est de. . . . .   2^m,58

Le déversoir est fondé, comme la digue, sur le roc vif et résistant. On a dû, à cet effet, descendre jusqu'à 5 mètres de profondeur la fondation du mur de garde et des bajoyers.

Les bajoyers servent d'appui à une passerelle qui se compose d'un tablier en bois porté par trois fermes en fer forgé, distantes de 0^m,80, et dont les naissances sont placées à 0^m,80 au dessus du radier du déversoir.

Bondes. — Les aqueducs ou bondes de prise d'eau sont établies au fond d'un pertuis en maçonnerie de 1^m,60 d'ouverture, qu'accompagnent deux escaliers en pierre de taille, ayant chacun 1^m,10 de largeur, et dont les marches ont 0^m,20 de hauteur sur 0^m,30 de foulée. Les trois aqueducs ou bondes sont superposés et distants de 3 mètres. Ils sont voûtés et leur voûte, en plein cintre, a 1 mètre de diamètre. La hauteur de l'aqueduc inférieur est de 2 mètres sous clef. Celle des aqueducs supérieurs est de 1^m,70.

Les trois bondes sont fermées par un châssis en bois, dans lequel est pratiquée l'ouverture de la vanne. Cette ouverture est de 0^m,60 sur 0^m,35. La vanne est également en bois et a 0^m,70 sur 0^m,40; son épaisseur est de 0^m,10. Elle est manœuvrée au moyen d'un cric placé à la hauteur de la grande berme immédiatement supérieure. Les deux premiers crics reposent sur des arcs en maçonnerie qui traversent le pertuis des bondes. Le troisième est fixé sur une plate-forme élevée au niveau du pied du parapet. En amont de chaque vanne, sont creusées dans les bajoyers du pertuis des rainures destinées à recevoir des poutrelles.

Puits. — Le puits auquel aboutissent les aqueducs a 1^m,10 de diamètre, jusqu'à la hauteur de la voûte du troisième aqueduc, et 0^m,90 au-dessus.

Aqueduc de fuite. — Un aqueduc de fuite forme le prolongement de la bonde inférieure, et a les mêmes dimensions qu'elle. Cet aqueduc se termine par un pertuis en maçonnerie, à l'extrémité duquel est placé un déchargeoir de 6 mètres de largeur, fermé par des poutrelles, qui permet d'envoyer en rivière l'eau du réservoir par le lit de l'ancien ruisseau, ou, au besoin, de vider la rigole d'amenée des eaux du canal.

Rigole d'amenée des eaux. — Celle-ci commence à l'aval du pertuis. Sur la plus grande partie de son parcours, qui est de $512^m,15$, elle a été ouverte dans le rocher. Sa largeur au plafond est de 1 mètre. Ses talus ont été réglés à 1/2 de base pour 1 de hauteur. Elle est accompagnée d'une banquette d'une largeur minimum de $2^m,40$, et dont la plate-forme s'élève de $0^m,40$ en contre-haut du niveau ordinaire, fixé à 1 mètre au-dessus du plafond. Sa pente de fond est réglée suivant une inclinaison de $0^m,006$ par mètre. Cette rigole aboutit à la retenue de la Dheune par un pertuis ouvert dans le rocher, et dont la largeur est de 2 mètres.

Dépense. — Les dépenses du réservoir peuvent se décomposer ainsi :

Terrains. — 125 hectares.	195.000 fr.
Digue et bondes.	332.000
Déversoir.	25.000
Total comme ci-dessus.	517.000 fr.

La rigole d'amenée des eaux au canal a coûté 20,000 fr.

Exécution des travaux. — Le choix de l'emplacement, les dispositions générales du projet appartiennent à M. Duverger, ingénieur en chef des ponts et chaussées. La rédaction de ce projet a été faite sous sa direction par M. Sciama, ingénieur des ponts et chaussées, qui a été aussi chargé de l'exécution des travaux adjugés, le 5 août 1859, à un entrepreneur dont l'administration a dû résilier le marché à partir du 1er décembre de la même année; ils ont été continués en régie sous la conduite immédiate de M. Goguelat, conducteur des ponts et chaussées.

II

PASSAGE A NIVEAU DU TORRENT DU LIBRON

SUR LE CANAL DU MIDI.

—

COMPAGNIE DES CHEMINS DE FER ET DU CANAL DU MIDI.

Un modèle à l'échelle de 0,04 (1). Deux dessins.
N° 1251 (37) du catalogue français.

Disposition générale. — Le torrent de Libron, qui prend
sa source dans les montagnes de Ribaute, de Clairac et de
Consergues, et qui se jette dans la Méditerranée près d'Agde,
traverse l'avant-dernier bief du canal du Midi, appelé bief
de l'Écluse-Ronde, à une distance de 1.500 mètres de la
mer.

Souvent à sec et ne contenant ordinairement qu'une faible
quantité d'eau, il devient subitement, au moment des orages,

---

(1) Quoique l'échelle du modèle ne soit que de 4 centimètres pour 1 mètre,
les dimensions de l'espace concédé par la Commission de l'Exposition n'ont
pas permis de le construire entièrement semblable à l'exécution. On a conservé
les proportions, mais on a dû raccourcir le bassin de station de la moitié de
sa longueur et ne placer de chaque côté que deux arcades, tandis qu'il y en a
six en réalité, ainsi qu'on peut le voir sur les plans joints au modèle.

un torrent furieux entraînant des masses de sable et de graviers détachés de montagnes friables et de roches décompo-
sées par les pluies.

Au point où il franchit le canal, le fond du lit de ce torrent
est au même niveau que le plan d'eau supérieur du bief, qui
ne domine la hauteur moyenne de la mer que de 90 centimètres.

Cette disposition particulière des lieux s'opposait à la
construction d'un ouvrage d'art semblable aux ouvrages
jusqu'à présent exécutés, pour isoler les cours d'eau artificiels des cours d'eau naturels qu'ils rencontrent dans leur
trajet.

L'insuffisance de pente rendait impossible le passage du
Libron sous le canal, par un aqueduc à siphon exposé à être
continuellement comblé par des sables; et la nécessité d'élever le canal à plusieurs mètres au-dessus de la plaine, sur
une longueur de plus de 20 kilomètres, rendait en quelque sorte impraticable la construction d'un pont-aqueduc,
maintenant le canal au-dessus des plus hautes crues du
Libron.

Il fallait donc avoir recours à un ouvrage d'art spécial.

Voici en quelques mots les diverses combinaisons adoptées
depuis l'établissement du canal jusqu'à nos jours.

Pendant les premières années de l'exploitation de la voie
d'eau, le Libron n'avait pas de lit bien déterminé : après les
orages, il se répandait dans la plaine et se déversait, sur
plusieurs points, dans le bief de l'Écluse-Ronde qu'il ensa-
blait et qu'on était obligé de draguer, afin de rétablir la navigation interrompue par des dépôts de sables et de graviers.

Le premier travail entrepris eut pour objet de réunir les
eaux dans un seul lit, franchissant le canal dans un espace

réduit aux dimensions d'un bassin d'écluse par des bajoyers parallèles à l'axe du canal, et par des murs transversaux munis de rainures servant à établir des batardeaux à poutrelles qu'on plaçait pendant les orages, et qu'on enlevait aussitôt que les eaux troubles s'étaient écoulées.

Cette combinaison limita les ensablements, mais les barques étaient arrêtées, non-seulement pendant la durée des crues, mais encore pendant la pose et l'enlèvement des batardeaux et le recreusement du bassin.

Plus tard, on raccourcit ces interruptions en plaçant dans le bassin un bateau appelé *ponton*, dont le tillac était au même niveau que le fond de la rivière et qui, portant latéralement des cloisons insubmersibles en charpente, formait une espèce d'aqueduc sur lequel le Libron franchissait le canal.

En temps ordinaire, ce ponton stationnait dans un emplacement ménagé pour le recevoir; en temps de crue, il était conduit dans le bassin où il interceptait le passage des barques.

C'est par ces motifs qu'après les interruptions de l'année 1855, qui durèrent cent cinq jours, on décida qu'au lieu de remplacer le ponton qui s'était affaissé sous le poids des dépôts, on chercherait à assurer la continuité de la navigation.

On y est parvenu au moyen de l'ouvrage qui va être décrit.

Description. — A la rencontre du Libron et du bief de l'Écluse-Ronde, on a recreusé, pour recevoir la rivière, deux nouveaux lits ou branches symétriquement disposées, s'ouvrant à 50 mètres en amont du canal, et se refermant à la même distance en aval.

Ces deux branches, dont chacune est égale à la section de l'ancien lit, sont séparées par un bassin de station entièrement semblable à un bassin d'écluse et pouvant contenir une barque.

Dans les deux branches sont placées, de chaque côté du canal et parallèlement à son axe, un même nombre d'arcades divisant chaque bras en travées fermées, sur leurs faces extérieures, par des vannes ou empellements montés dans des châssis en charpente.

Ces vannes ont pour objet d'arrêter le torrent et de le faire passer à volonté dans l'une ou dans l'autre des deux branches.

Pour empêcher les eaux troubles de se mêler aux eaux du canal dans les travées, on a eu recours à des caisses en bois, appelées bâches ou aqueducs mobiles, suspendus à des chariots, se mouvant sur des rails portés par des arceaux en pierre de taille bâtis en travers du canal.

Dans chaque travée il y a deux bâches, dont la longueur est égale à la moitié de la largeur du canal, et la largeur à la largeur de la travée.

En temps de crue, le torrent passe alternativement dans chacune des deux branches fermées ou ouvertes par les empellements.

Dans la branche où les vannes sont ouvertes, les bâches sont juxtaposées de manière à recouvrir la surface entière de la portion du bassin correspondante à chaque travée. Dans cette position, elles interceptent le passage des barques.

Au contraire, dans la branche où les vannes sont fermées, les bâches sont remisées dans des cales comprises entre les culées des arceaux jetés sur le canal et les arcades. Dans cette position, le passage des barques est libre.

Ces cales, approfondies au-dessous du fond de la rivière afin de contenir les bâches, sont recouvertes de tabliers mobiles destinés à prévenir les ensablements qui s'opposeraient au mouvement.

Manœuvres. — Après cette description, il est facile de se rendre compte de la simplicité des manœuvres des diverses parties du nouvel ouvrage.

Ces manœuvres se réduisent à monter et à descendre des vannes à l'aide de crics, semblables aux crics des portes d'écluses, et à faire avancer ou reculer des bâches avec des leviers coudés, ou le plus souvent en les poussant, ainsi que cela se pratique pour les wagons et les machines, dans les gares des chemins de fer.

Les barques qui parcourent le bief de l'Écluse-Ronde viennent, soit du côté de Béziers, soit du côté d'Agde.

Si une barque se présente du côté d'Agde, on fait passer le torrent dans la branche du côté de Béziers, et l'on ouvre, pour la recevoir, la branche opposée. La barque entre le plus souvent, avec sa vitesse acquise, dans le bassin de station où elle est amarrée.

On rapproche alors les bâches de la branche qui était ouverte, on abaisse les tabliers, on fait monter les vannes, et le torrent passe pendant quelques instants par les deux branches à la fois.

Dès que l'écoulement est assuré du côté par où la barque est entrée, on l'arrête, dans la branche opposée, en descendant d'abord les vannes d'amont et puis les vannes d'aval.

Les vannes fermées, il reste dans les travées une certaine quantité d'eau qu'on évacue dans le canal, au moyen d'un clapet latéral placé à cet effet dans la cloison des bâches.

La travée vidée, on relève les tabliers, on remise les bâches dans leurs cales, le passage dans la branche du côté de Béziers devient libre, la barque sort et continue sa route sans avoir éprouvé aucun embarras, et sans plus de retard que si elle avait eu à monter ou à descendre une écluse double.

L'ouvrage d'art décrit dans cette note a été terminé en 1856. Il a subi depuis cette époque l'épreuve des plus fortes crues, et l'expérience a démontré que l'idée de la bifurcation ouvrant un passage alternatif au torrent, avait satisfait à la double condition de préserver le canal des ensablements, et la navigation des interruptions qu'elle éprouvait depuis l'origine du canal.

Le projet de cet ouvrage a été dressé, en 1855, par M. D. Maguès, ingénieur en chef des ponts et chaussées, directeur des canaux de la compagnie du Midi.

Le même ingénieur en chef et M. Simonin, ingénieur ordinaire des ponts et chaussées, ont dirigé les travaux exécutés en 1856 et 1857. La dépense s'est élevée à 600.000 fr. environ.

TRAVAUX MARITIMES.

I

DIGUE DE CHERBOURG.

—

MINISTÈRE DE LA MARINE ET DES COLONIES.

Un modèle d'ensemble à l'échelle de 0,001.
Une coupe en relief à l'échelle de 0,005.

N° 1251 (27) du catalogue français.

Historique. — Le grand nom de Vauban se présente dès 1665, à l'origine des études sur la création d'une rade de refuge dans la Manche. L'illustre maréchal avait indiqué à la fois la Hougue et Cherbourg, où les vents régnants du sud à l'ouest venant de terre, dans l'Océan et la Manche, promettaient habituellement un calme relatif.

Vers 1740, le gouvernement de Louis XV fit établir au port de commerce de Cherbourg un avant-port d'échouage avec chenal vers le large et bassin à flot.

En 1779 et 1780, le département de la guerre fit entreprendre la construction de deux forts, à murailles verticales en maçonnerie de granit, sur deux bancs de rochers submersibles, l'un formant l'île Pelée, à l'est de la rade, l'autre à la pointe du Homet, au sud-ouest de cette rade.

En même temps un troisième fort était projeté à l'ouest, sur la pointe de Querqueville.

Dans les derniers temps de la guerre d'Amérique, l'établissement d'une rade dans la Manche avait été remis en question, et la préférence fut donnée à Cherbourg sur la Hougue, à la suite d'un rapport d'une commission dont un des membres les plus distingués était M. de La Bretonnière, capitaine de vaisseau.

Le motif principal de la préférence fut la nature et la quantité des alluvions qui étaient de la vase abondante à la Hougue et seulement du sable fin entremêlé d'un peu de vase, à Cherbourg.

Cette commission proposa, pour abriter la rade contre les vents du large du nord-ouest à l'est par le nord, une digue artificielle isolée en mer; les premiers préparatifs commencèrent en 1782, et les travaux furent continués activement jusqu'en 1791.

En même temps, le génie militaire commençait, en 1787, le troisième fort, celui de Querqueville, à la pointe ouest du littoral de la grande rade.

L'alignement de la digue fut dirigé contre ce fort et celui de l'île Pelée, par des considérations purement militaires, qui déterminèrent aussi son tracé en deux branches est et ouest d'inégale longueur. C'est une mesure à jamais regrettable pour l'étendue de la rade.

D'après les projets de M. l'ingénieur de Cessart, la digue devait être formée de quatre-vingt-dix troncs de cônes encharpente, se touchant base à base, échoués sur le fond sous-marin et s'élevant au-dessus des plus hautes mers de vives eaux calmes. L'intérieur de ces cônes devait être rempli de blocaille, depuis le fond sous-marin jusqu'au niveau des basses mers de vives eaux ; le surplus de leur hauteur devait être exécuté en maçonnerie hydraulique. Les sommets des troncs de cônes auraient été réunis par de fortes chaînes en fer.

L'agitation de la mer eût été ainsi en quelque sorte fragmentée, et les courants de marée du dedans au dehors de la rade auraient, en passant dans les vides des cônes, empêché les dépôts d'alluvions.

Les cônes, construits sur le littoral ouest de la rade, à la plage dite Chantereyne, étaient mis à flot et conduits à haute mer aux points d'immersion.

Le roi Louis XVI assista, en 1784, à l'une de ces opérations pour le cône extrême est de la digue. (Voir l'ouvrage de M. de Cessart, et surtout l'*Histoire de Cherbourg*, publiée en 1847, par feu M. Alexis de Tocqueville, dans l'*Histoire des villes de France*, d'Aristide Guilbert.)

Les dépenses énormes des cônes forcèrent de les distribuer à des intervalles de plus en plus grands et jusqu'à 500 mètres, d'abord sur la branche de l'est, puis à la branche de l'ouest.

Des versements de blocaille, dans les intervalles des cônes, devaient s'élever jusqu'au niveau des basses mers, en les reliant entre eux.

Au lieu d'exécuter en maçonnerie la partie supérieure des cônes, suivant les projets primitifs, on la forma de blocaille, comme la partie inférieure, mais de blocaille en plus gros fragments.

Malheureusement les charpentes d'enveloppe, à la fois attaquées par la mer dans les gros temps et par les vers ma-

rins (tarets), furent bientôt disloquées et détruites, et la blocaille à l'intérieur ne pouvant se tenir suivant les talus des
parois de la charpente, s'affaissa jusqu'au niveau des basses
mers en se répandant sur le fond.

En 1789, on dérasa tous les cônes au niveau des basses
mers, sauf celui de l'extrémité est qui fut maintenu plus
haut et recouvert à son *sommet* en mortier de pouzzolane
d'Italie et de chaux hydraulique ordinaire. Ce massif existait
encore en 1858.

En 1792, une commission mixte, où se trouvaient des offi-
ciers supérieurs de la marine et du génie militaire, et les
ingénieurs des ponts et chaussées Lamblardie père et Cachin,
fut chargée d'examiner l'état des travaux et de proposer les
moyens de les continuer. Plus de 25 millions étaient déjà
dépensés en 1790, et le nombre des cônes échoués n'était
encore que de dix-huit.

Le rapport de cette commission exprima l'avis que la digue devait être élevée sur toute sa longueur en enrochements jusqu'à 9 pieds ($2^m,92$) en contre-haut des plus hautes
mers calmes, et qu'on aurait à revêtir les talus vers le large
de blocs naturels de 500 kilog. à 2.500 kilog., que la mer
arrimerait elle-même dans les tempêtes, suivant les surfaces
de maximum de résistance et de stabilité.

La tourmente révolutionnaire fit ralentir et même suspendre les travaux de la digue jusqu'en 1802. À cette époque, le chiffre total des dépenses faites ou imputées aux travaux de la digue était de 51,188,679 fr.

En 1802, l'empereur Napoléon les fit reprendre et en con-
fia la direction à M. l'ingénieur Cachin, qui y appliqua le
système recommandé par la commission de 1792.

L'exhaussement fut d'abord restreint à l'îlot central correspondant au sommet des deux branches inégales de la

digue, destiné à recevoir un fort et des batteries d'enveloppe.

Dès 1805, cet îlot était élevé à hauteur, garni de parapets, pour la mise en batterie de vingt bouches à feu, et
pourvu de casernes en bois pour une garnison de quatre
cents hommes.

Plusieurs tempêtes successives avaient déformé les talus
vers le large de cet îlot central et compromis les parapets;
une dernière tempête, dans la nuit du 12 février 1808,
bouleversa de fond en comble tous les ouvrages, écrasant
presque toute la garnison sous les ruines des casernes, et
modifia profondément le relief de l'îlot au-dessus des basses
mers.

Une lutte incessante se poursuivit, après cette catastro-
phe, entre les versements de nouveaux enrochements avec
revêtissages en blocs naturels, et l'action des vagues du
large. Elle prouva (contrairement à l'avis de la commission
de 1792) l'instabilité des formes des talus, suivant les directions variables des tempêtes et suivant leur coïncidence
avec les vives eaux et les mortes eaux, enfin suivant le volume et le poids des blocs naturels de défense vers le large.

L'empereur Napoléon Ier, après avoir visité les travaux de
la rade et du port de Cherbourg, en 1811, prescrivit de
fonder sur les enrochements, au niveau des basses mers de
vives eaux, et d'élever jusqu'au niveau des hautes mers, le
soubassement d'un fort elliptique en dedans des reliefs d'enrochement vers le large. (Voir le décret impérial du 7 juillet
1811.)

L'exécution des travaux avait été confiée à M. l'ingénieur
ordinaire Lamblardie fils.

Ce soubassement résista à toutes les tempêtes depuis 1813
jusqu'à l'achèvement des travaux, en 1853. (Voir le mémoire

de M. le baron Cachin, publié en 1820, sur la digue de Cherbourg.)

Pendant la Restauration, de 1814 à 1829, on se borna, en 1823, au moment de la guerre d'Espagne, à entourer ce soubassement, vers le large, par une batterie qui le dominait de 4 à 5 mètres et dont le mur d'escarpe vers le large fut fondé seulement au niveau des hautes mers de mortes eaux, sur les anciens blocs de revêtissage des enrochements de l'îlot central.

Les ressources restreintes du budget de la marine furent appliquées à l'achèvement du bassin à flot du nouvel arsenal maritime et à celui des cales couvertes, au sud de l'avant-port.

D'ailleurs, la diminution d'agitation obtenue dans les coups de vent du large par l'enrochement sous-marin de la digue, surtout vers les basses mers, suffisait aux opérations, alors très-limitées, d'un arsenal naissant.

De 1828 à 1830, sous le ministère de MM. Hyde de Neuville, de Chabrol et d'Haussez, la reprise des travaux de la digue fut l'objet d'études confiées à MM. Fouques-Duparc, ingénieur en chef directeur, et Leroux (Victor), ingénieur en chef sous ses ordres. Une commission spéciale d'inspecteurs généraux des ponts et chaussées discuta divers systèmes de construction proposés, et adopta finalement les projets de M. Fouques-Duparc.

Ces projets consistaient à fonder au niveau des basses mers de vives eaux une muraille pleine en maçonnerie de 10 mètres d'épaisseur, parementée en granit, qui devait être élevée jusqu'au niveau des plus hautes mers d'équinoxe et être garnie d'un parapet de 2^m,65 d'épaisseur, formant batterie à barbette vers la grande mer.

Le pied de cette muraille vers le large devait être défendu

par une vaste nappe de blocs naturels descendant jusqu'à
5 mètres en contre-bas des basses mers. La première couche
inférieure de fondation devait être en béton hydraulique,
versé aux basses mers de vives eaux, et contenu entre deux
rangées de pierres de taille de granit tendre, sur les deux
rives nord et sud.

M. Fouques-Duparc appuya ce système de l'expérience
acquise dans les môles des anciens ports d'Italie, de celle
qui avait été faite à Cherbourg même par la construction des
forts en maçonnerie de l'île Pelée, du Homet et de Querqueville, et surtout par la fondation en *béton sur enrochement*
et par l'exhaussement d'une muraille, dite la *Petite-Digue*,
qui soutenait, depuis 1805, vers la mer le terre-plein *est du
bassin à flot actuel* du nouvel arsenal.

Les travaux de la digue suivant le nouveau système, furent entrepris en 1831 et continués sans interruption jusqu'à
leur achèvement, à la fin de 1853, y compris les soubassements des musoirs extrêmes, mais non compris les forts du
centre et des extrémités, exécutés par le génie militaire en
contre-haut d'un niveau de 2 mètres au-dessus des plus
hautes mers de vives eaux, formant la séparation des travaux de la marine militaire et du département de la guerre.

Les anciens enrochements de blocaille qui, en 1792,
étaient à peu près élevés au niveau des basses mers d'équinoxe, avaient été le jouet des tempêtes, depuis l'ouest jusqu'à l'est par le nord, de 1792 à 1834.

Ils avaient été déprimés et bouleversés pendant cette période de quarante-deux ans. Les talus vers le large s'étaient
allongés en talus variables depuis le fond sous-marin, et
jusqu'à 7 à 8 pour 1 dans la tranche supérieure, qui se
terminait au niveau des plus basses mers.

La blocaille du dessus des enrochements sous-marins

avait été jetée au sud vers la rade, et il fallait un rechargement de 3 à 4 mètres pour rétablir le niveau primitif des enrochements. Ces rechargements successifs ne précédèrent guère que d'un an, et même d'un hiver, l'exécution des bétonnages de fondation des maçonneries, et les tassements, très-réguliers dans la longue branche *de l'ouest*, ne dépassèrent pas 40 centimètres.

Les musoirs circulaires extrêmes furent formés d'anneaux circulaires en maçonnerie hydraulique de moellon, parementée en granit, dont l'intérieur fut rempli en blocaille au fur et à mesure de l'élévation des maçonneries.

Mais la défense de ces têtes d'ouvrages vers les passes principales, au niveau des basses mers de vives eaux, ne pouvait plus être seulement en blocs naturels amoncelés comme le long de la muraille de la digue.

Elle réclamait des *blocs* d'une constitution, d'un poids et d'un volume qui les rendissent à peu près inamovibles aux plus fortes tempêtes, et peu attaquables à l'action chimique des eaux de la mer.

On a eu recours aux blocs artificiels de 20 mètres cubes (46'.5 dans l'air) en maçonnerie de moellons de gneiss, ou de grès, avec mortier de ciments surcuits de Portland mélangés, pour accélérer la prise, avec des ciments de Médina. (Voir le mémoire de M. l'ingénieur Bonnin, imprimé en 1857, intitulé : *Travaux d'achèvement de la digue de Cherbourg.*)

La dépense totale (y compris 31 millions dépensés avant 1802) a été de 67 millions, en nombre rond, pour une longueur de 3.700 mètres, non compris les forts du centre et des musoirs extrêmes, soit 18.000 fr. par mètre courant.

Dans le chiffre ci-dessus de 67 millions figurent les soubassements circulaires des musoirs, du fort central et de sa batterie d'enveloppe, les jetées de quatre ports de débarquement, les dépenses provenant des tâtonnements, des intermittences et même, dans les premiers temps, de travaux qui n'avaient avec la digue qu'un rapport indirect.

Dans cette longue période de 1831 à 1853, la marche des travaux a été plus ou moins active, suivant les ressources budgétaires, sans que toutefois il fût possible par an de dépenser plus de 2 millions, et de fonder plus de 300 mètres de muraille sur une épaisseur moyenne de 2^m,60.

A la fin de 1836, une tempête extraordinaire du large, qui se prolongea pendant cinq jours, détermina une séparation longitudinale dans une longue tranche de 100 mètres environ de la branche de l'est et l'affaissement des deux tronçons disjoints. Cet événement fut un temps d'arrêt dans la marche des travaux et même fit douter du succès final. Feu M. l'ingénieur Virla, au cœur de l'hiver et dans les circonstances les plus critiques, parvint, par des mesures actives et énergiques, à réparer ce désastre.

Tous les matériaux, moellons de gneiss et de quartz, pierres de taille de granit, mortiers et bétons, étaient préparés à terre, soit dans les carrières, soit au nouvel arsenal, et transportés à la digue par des bateaux à voiles, ou par trains de chalands remorqués par bateaux à vapeur.

L'exécution simultanée de l'arrière-bassin Napoléon III et des maçonneries de la digue, a produit de grandes économies dans la fourniture des matériaux d'enrochements et dans le corroyage des mortiers et des bétons.

Le travail des fondations aux basses mers de vives eaux n'était praticable que pendant quelques heures de jour et de nuit, et seulement de la fin de mai au commencement de novembre. Il a fallu accumuler instantanément jusqu'à cinq cents ouvriers sur une longueur de 250 à 300 mètres, pour verser le béton de fondation et le recouvrir d'une nappe provisoire de défense en ciment qui le défendît contre l'agitation de la marée montante.

Le mémoire déjà cité de M. l'ingénieur Bonnin retrace toutes les phases, si pénibles et si variées, des travaux auxquels il a été attaché depuis 1845 jusqu'à leur achèvement à la fin de 1853.

Malgré les tassements très-variables des enrochements, particulièrement dans l'emplacement des anciens cônes, malgré les fissures longitudinales et transversales qui en ont été la suite, malgré les mouvements continuels en sens divers des blocs naturels de revêtissage des enrochements vers le large, une dépense annuelle d'entretien de 120,000 fr. a suffi amplement, depuis 1853 jusqu'à ce jour, pour conserver intacts les principaux ouvrages de la digue.

On a pu même étendre la nappe de recouvrement en blocs naturels de défense vers le large, et les défenses en blocs artificiels en avant de la batterie d'enveloppe du fort central.

Les tassements des enrochements, qui avaient été très-favorables pendant la marche des travaux pour faire descendre les fondations jusqu'au niveau des plus basses mers, se manifestent encore aujourd'hui par la réouverture de quelques fissures transversales dans les tempêtes du large, mais diminuent de plus en plus et sont à peine de quelques centimètres.

L'action de la chaleur sur les parements de granit, et particulièrement sur le parapet, produit aussi sur la longueur des deux branches (l'une de près de 1,500 mètres, l'autre de près de 2,000 mètres) des effets très-marqués en été, par des alternatives d'ouverture et de resserrement des joints transversaux.

Les blocs artificiels de défense, en ciment surcuit de Portland, mélangé de ciment Médina dont les plus anciens remontent à 1846, ont résisté jusqu'ici, *en général*, à l'action chimique des eaux de la mer.

La construction d'une digue continue de 3.700 mètres à l'ouverture d'une baie d'environ 7 kilomètres de largeur, avait fait concevoir, en 1832, de vives inquiétudes sur la marche des courants et des alluvions, et sur la conservation des fonds abrités par cet ouvrage. Un banc sous-marin, à 8 mètres environ de profondeur en contre-bas des plus basses mers, enraciné aux rochers de l'île Pelée, semblait s'être avancé vers l'ouest, dans la direction du nord-est au sud-ouest et menacer précisément les atterrages les mieux abrités par la digue.

Des reconnaissances hydrographiques faites en 1850, après l'achèvement des murailles des deux branches de la digue et comparées à celles de 1832, ont appris que ce banc était sensiblement stationnaire, et même que sa crête, au lieu de s'élever, s'était déprimée ; que les autres zones de la rade avaient conservé leurs profondeurs d'eau ou s'étaient aussi approfondies, notamment entre l'île Pelée et le littoral des Mielles, au sud ; enfin, que les courants des marées étaient bien plus énergiques qu'avant l'exécution des murailles de la digue dans les deux passes extrêmes de l'est et de l'ouest.

Les eaux en rade de Cherbourg sont assez pures et ne tiennent guère en suspension, dans les tempêtes du large, que du sable fin et des graviers qui se déposent presque exclusivement sur le littoral est, entre le port de commerce et le cap Lévi.

C'est à M. Reibell, inspecteur général des ponts et chaussées, qu'a été confiée, en 1838, la direction des travaux de la digue. C'est à sa persévérance et aux efforts de ses collaborateurs, MM. Mahyer et Bonnin, ingénieurs des ponts et chaussées, qu'est dû l'achèvement de cette gigantesque entreprise.

Voici d'ailleurs la liste complète des ingénieurs qui, à divers titres, ont successivement concouru à l'exécution de ce grand ouvrage.

AUTEURS DES PROJETS ou directeurs successifs.	INGÉNIEURS en chef.	INGÉNIEURS ordinaires.	CONDUCTEURS gérants.
MM. LA BRETONNIÈRE, Capitaine de vaisseau de 1777 à 1782.			
DE CESSART, Inspecteur des ponts et chaussées, de 1782 à 1792.	Hubert,	La Roche. Duclos. Pitron. Ferregeau. Gayant père. Des Fougères de Villandry. Galigny. Larousky.	
LAMBLARDIE père, Inspecteur général des ponts et chaussées, de 1792 à 1793.		Gayant père, déjà cité.	
(Intérim de 1793 à 1802, sans autres travaux que ceux d'entretien).		Gayant père, déjà cité. Lessau.	
Le Baron CACHIN (C✳), Inspecteur général des ponts et chaussées de 1802 à 1823.	Gayant père, déjà cité. Delorme. Pitron, déjà cité. Fonquet-Dupasc.	Gratien Lepère. Ferrandy. Eustache. Fonquet-Dupasc. Lamblardie fils.	
FONQUET-DUPASC (C✳) déjà cité, Inspecteur divisionnaire, de 1823 à 1838.	Leroux (Victor).	Virla (✳).	Daboville. Lemignou.
RENELL (Félix J.-B.) (G.O✳) successivement Ingénieur en chef, Inspecteur divisionnaire et général de 1838 à 1854.		Mahyer (✳). Boouin (✳).	Lamole. Befer (François).

II

DIGUES DU PORT DE MARSEILLE.

MINISTÈRE DE L'AGRICULTURE, DU COMMERCE ET DES TRAVAUX PUBLICS.

Un modèle à l'échelle 0,04.
Un plan général du port. — Un atlas.
N° 1251 (1) du catalogue français.

Système de construction. — Le système suivi à Marseille pour la construction des digues destinées à l'extension du port, consiste principalement dans l'emploi de blocs naturels formant le corps général de ces digues, et de blocs artificiels appliqués à leur revêtement extérieur du côté du large. Ce système est la conséquence de l'observation des effets de la mer sur les jetées déjà exécutées. Celles exclusivement en blocs naturels, qui sont les plus anciennes, prennent, du côté du large, des talus très-allongés qui vont, suivant les localités, jusqu'à 10 de base pour 1 de hauteur depuis le niveau des eaux moyennes jusqu'à 10 mètres au-dessous; plusieurs d'entre elles ont été, même avec ces grands talus, revêtues, dans ces derniers temps, avec de gros blocs artificiels, afin de faire disparaître les chances d'avaries. Celles exclusivement en blocs artificiels tiennent, au contraire, avec un talus de

45°, mais à la condition de donner à ces blocs des dimensions suffisantes.

Ces observations ont tout naturellement conduit au système de gros blocs artificiels à l'extérieur et de blocs naturels à l'intérieur. Appliqué à Marseille sur une grande échelle, puisqu'il existe aujourd'hui une jetée de 2.200 mètres de longueur par des profondeurs variables entre 12 mètres et 22 mètres, ce système peut être considéré comme ayant reçu la sanction de l'expérience (1).

Blocs naturels. — Dans un double but de solidité et d'économie, les blocs naturels occupent différentes positions en rapport avec leurs dimensions. Il faut en effet, au point de vue économique, que tous les produits des carrières soient utilisés; il faut également ne pas mélanger les petits blocs avec les gros, afin de conserver le plus de vide possible. Il faut, d'autre part, au point de vue de la solidité, disposer les gros blocs de manière à leur faire envelopper les petits. Cette double considération conduit à une classification en quatre catégories différentes; savoir :

```
1re Catégorie. — Blocs pesant de       2 à    100 kilogr.
2e      id.            id.       de    100 à 1.500    —
3e      id.            id.       de  1.500 à 3.900    —
4e      id.            id.       de  3.900 et au-dessus
```

Au-dessous de ces catégories, les débais de carrières sont utilisés comme pierraille dans la fabrication des blocs artificiels et, comme il sera dit ci-après, pour la préparation de l'assiette des fondations des murs du quai.

Les blocs naturels sont extraits à 5 kilomètres du lieu d'emploi, au moyen de grandes mines avec puits et galeries.

---

(1) 1.100 mètres de jetée terminés depuis dix ans n'ont exigé aucun frais d'entretien.

La plus grande de ces mines comprenait six poches, enfermant ensemble 26.000 kilogrammes de poudre, dont l'explosion a produit environ 100.000 mètres cubes de blocs.

Les blocs naturels de première et deuxième catégorie (soit de 2 à 1.300 kilog.) sont chargés et immergés au moyen de barques à clapet dont le fond mobile permet, en s'ouvrant, de vider immédiatement la charge.

Les blocs naturels de troisième et de quatrième catégorie (soit de 1.300 à 3.900 kilog. et au-dessus) sont chargés et immergés au moyen de chalands, auxquels on imprime, par un déplacement dans la charge et par l'émission préalable de deux forts blocs extrêmes, un mouvement de bascule qui fait immédiatement tomber les pierres à la mer.

Les plus gros blocs de ces catégories, approvisionnés sur un ponton, sont pris par une grue tournante, installée sur un chaland, pour la formation de la partie supérieure de la jetée.

Blocs artificiels. — Les blocs artificiels ont les dimensions de $3^m,40$ sur 2 mètres et $1^m,50$, soit de 10 mètres cubes, volume jugé suffisant, à Marseille, pour les mers auxquelles ils ont à résister; ils sont employés, à l'extérieur, pour le revêtement de la digue sur laquelle ils s'étendent jusqu'à une profondeur de 8 mètres au-dessous des eaux, et, à l'intérieur, pour la fondation du mur de quai, où ils sont placés en parpaing, à joints contrariés et sur une hauteur de 6 mètres au-dessous des eaux.

L'emplacement devant servir à l'assiette des fondations, en blocs artificiels, du mur du quai, est arasé à la cote de 6 mètres, avec des petits débris de carrière placés sur une couche de blocs de première catégorie, qui, à leur tour, reposent sur des blocs de troisième et quatrième catégorie.

L'atelier de fabrication de blocs doit comprendre les

engins et le personnel nécessaires au transport des matières, à la fabrication du mortier, au mélange du mortier
et de la pierraille, au moulage des blocs.

Pour fabriquer 3oo blocs en moyenne par mois, et 575
au maximum, on emploie :

      1 Machine fixe de 14 chevaux.
      2 Wagons à chaux portant chacun six sacs de 50 kilog.
      4   Id.   à sable d'une capacité de 0ᵐ,80 cubes.
      4   Id.   à mortier à trois compartiments d'une capacité totale de 0ᵐ,81.
      5 Manèges à mortier.
     12 Wagons à pierrailles d'une capacité de 0ᵐ,45 cubes.
      7 Bétonnières d'une capacité de 0ᵐ,90.
      4 Wagons porte-bétonnières.
    100 Caisses-moules.

Le transport de ces blocs comprend trois opérations
successives :

Levage et transport jusqu'au chemin de fer d'embarquement; traction sur le chemin de fer d'embarquement et embarquement sur le chaland; remorquage du chaland au
lieu d'emploi.

Le transport, depuis la prise des blocs fabriqués jusqu'à
leur lieu d'emploi à la digue, exige, indépendamment des
voies de fer, le matériel suivant :

      1 Grue mobile de levage et de transport de 4 chevaux.
      2 Wagons porte-blocs.
      1 Chariot porte-grue.
      1 Machine fixe de 4 chevaux pour la traction sur le chemin de fer
          d'embarquement et la mise sur chalands.
      5 Chalands de transport.
      1 Remorqueur.

L'emploi des blocs artificiels varie selon qu'ils sont destinés, à l'extérieur, au revêtement, ou à l'intérieur, à la
fondation du mur de quai.

Les premiers, employés partie au-dessous, partie au-dessus de l'eau et ceux placés au-dessous de l'eau sont chargés et immergés au moyen d'un chaland surmonté d'un plan incliné qui permet de les lancer simultanément et instantanément, aussitôt après la rotation imprimée à un levier de retenue. Ceux placés au-dessus de l'eau sont arrimés au moyen d'une mâture flottante, qui les prend sur un chaland de transport placé à ses côtés.

Enfin les blocs artificiels servant de fondation au mur de quai sont placés par une machine analogue à la précédente, qui permet de les disposer conformément aux alignements exigés.

La mâture flottante permet d'employer mensuellement 270 blocs à l'extérieur et 240 seulement à l'intérieur, à cause des sujétions de pose.

L'emploi des blocs artificiels exige donc deux mâtures flottantes et les trois chalands dont il a été question ci-dessus.

Composition des blocs artificiels. — Les blocs artificiels sont composés de cinq parties de pierraille pour trois parties de mortier.

Le mortier est formé de $0^{mc},80$ de sable pour 300 kilogrammes de chaux blutée.

Il entre, dans ces conditions, 204 kilogrammes de chaux par mètre cube de béton.

Les expériences faites sur une grande échelle, comme celles opérées sur des échantillons de petites dimensions que l'on a pu observer très-minutieusement, établissent que les bétons avec mortier de chaux hydraulique du Theil, fabriqués avec un soin convenable, résistent parfaitement à l'action décomposante de l'eau de mer dans la rade de Marseille.

L'activité moyenne par mois a été de 20.000 mètres cubes

pour les blocs naturels, et de 5.000 pour les blocs artificiels. L'activité maximum a été de 3o.000 mètres pour les blocs naturels et de 5.75o pour les blocs artificiels.

Dépense par mètre courant de digue. — La digue du bassin Napoléon, dans un fond moyen de 17 mètres avec un quai de 5o mètres de largeur, a coûté par mètre courant 9.000 fr.

Celle du bassin de la Joliette, construite dans le même système avec un quai de 28 mètres de largeur et une profondeur d'eau de 12 mètres, a coûté 5.5oo francs.

Le modèle en relief de la digue du port Napoléon, placé à l'Exposition de Londres, reproduit exactement les détails de construction de cet ouvrage.

L'atlas donne les détails de l'installation du chantier de fabrication des blocs artificiels.

Un plan d'ensemble est destiné à donner une idée de l'état actuel du port de Marseille, des progrès déjà réalisés et de ceux que l'avenir réserve à ce grand établissement maritime. On y a indiqué par des teintes différentes ce qu'était autrefois ce port, les travaux exécutés depuis quelques années, ceux qui vont être exécutés et enfin ceux qui devront l'être au fur et à mesure des besoins.

Les travaux du port Napoléon ont été exécutés sous la direction de M. Pascal, ingénieur en chef des ponts et chaussées, par M. André, ingénieur ordinaire des ponts et chaussées.

Les entrepreneurs sont MM. Dussaud frères.

FORME DE RADOUB DE CASTIGNEAU

AU PORT MILITAIRE DE TOULON.

—

MINISTÈRE DE LA MARINE ET DES COLONIES.

———

Quatre modèles à l'échelle de 0,005.
Un atlas.
N° 1251 (28) du catalogue français.

———

Nature du sol. — Le sol de l'arsenal de Toulon se compose d'une couche de terrain vaseux reposant sur le terrain solide appelé *Safre*, formé de cailloux calcaires, d'argile et de gravier.

Ce dernier terrain donnant librement passage aux eaux souterraines qui y apparaissent en sources abondantes, il y a impossibilité d'y faire, à ciel ouvert, le creusage de fouilles profondes, et à plus forte raison de faire dans ces fouilles des maçonneries étanches.

Système de construction. — On a donc été forcément conduit à creuser l'emplacement des formes à l'aide de dragues, jusqu'à 15 mètres de profondeur, et à *mouler* ensuite en béton, par voie d'immersion, une grande cuvette, pour y construire, après l'avoir asséchée, les maçonneries intérieures à l'abri de l'invasion des eaux souterraines.

Ordre des travaux successifs. — Voici l'ordre successif des travaux postérieurs au creusage : Battage de pilots espacés de 2 mètres pour former une enceinte rectangulaire, ouverte seulement du côté de la darse; formation d'un plancher d'échafaudage au pourtour; formation d'un encaissement avec des bordages cloués, à l'aide de scaphandres, contre les pilots de l'enceinte; enlèvement, au moyen de divers engins, de la boue liquide déposée au fond de la fouille.

Immersion du béton (1) pour former une plate-forme, de 3 mètres d'épaisseur, de 31 mètres de largeur et de toute la longueur de l'ouvrage, au moyen de caisses en tôle de 1 mètre cube, se vidant par le fond, descendues à l'aide de treuils portés par un grand chariot roulant sur des rails placés sur les deux bords de l'enceinte. Enlèvement avec grand soin de la laitance vaseuse, tant à l'aide de pompes qu'à l'aide de caisses en fer promenées lentement sur le fond de la fouille et à l'aide de scaphandres.

Pose de pilots verticaux, scellés à leur pied dans des trous pratiqués dans la plate-forme en béton, pour former un encaissement intérieur distant de 5 mètres de l'encaissement extérieur, et pour former des encaissements transversaux subdivisant la forme en trois parties égales. Immersion du béton, par les mêmes moyens et avec les mêmes précautions d'enlever la laitance, pour mouler les murs extérieurs ou bajoyers, et les murs transversaux.

---

(1) Composition de 1 mètre cube de béton : $0^{mc},80$ de pierraille cassée, $0^{mc},55$ de mortier. — Dosage du mortier : 400 kilogrammes de chaux hydraulique du Theil en poudre, pour 1 mètre cube de sable de mer.

Remblais au pourtour de la forme pendant la période du durcissement du béton (environ un an). Enlèvement des pilots des planchers d'échafaudage, etc.

Vidange successive des trois sections. Enlèvement des encaissements intérieurs; nettoyage et aplanissement du fond avec maçonnerie de briques et ciment.

Exécution des maçonneries de revêtement intérieur, des banquettes, escaliers, etc., après la démolition successive des deux murs transversaux; établissement des grands tuyaux d'aspiration en fonte pour l'épuisement, des grandes soupapes pour l'introduction de l'eau, etc.

Construction d'un batardeau intérieur en maçonnerie, à 10 mètres du batardeau extérieur moulé en béton; amincissement successif de ce dernier batardeau jusqu'à 2 mètres d'épaisseur, en l'épontillant contre le batardeau intérieur; introduction de l'eau entre les deux batardeaux; achèvement de la démolition sous-marine du batardeau extérieur au moyen de mines, à l'aide de scaphandres, etc.

Mise en place du bateau-porte en fer dans la rainure extrême; épuisement entre ce bateau-porte et le batardeau intérieur; démolition à sec de ce dernier batardeau.

Voici les dimensions principales des trois formes :

Forme n° 1.

Longueur totale au couronnement, dans œuvre.	102^{m},65
— sur le plafond, jusqu'à la dernière rainure. .	90 ,00
Largeur de l'écluse d'entrée, en haut.	22 ,00
— — en bas.	16 ,00
Hauteur d'eau sur le seuil.	9 ,56

Forme n° 2.

Longueur totale au couronnement, dans œuvre.	121 ,00
— sur le plafond, jusqu'à la dernière rainure. .	110 ,00
Largeur de l'écluse d'entrée, en haut	22 ,00
— — en bas.	16 ,00
Hauteur d'eau sur le seuil	9 ,65

Forme double n° 3.

Longueur totale au couronnement, dans œuvre. . . . . 166 ,40
    —   sur le plafond, jusqu'à la dernière rainure. . 155 ,20
Largeur de l'écluse d'entrée, en haut. . . . . 23 ,00
    —   —   en bas. . . . . 16 ,00
Hauteur d'eau sur le seuil. . . . . 9 ,63

Situation actuelle des travaux. — La forme n° 1 est terminée et en service.

La forme n° 2 est presque achevée; on démolit son batardeau extérieur.

Les deux premières sections de la forme double n° 3 sont asséchées; on y fait l'aplanissement du fond.

Prix de revient. — La forme n° 1 a coûté 2 millions de fr.

La forme n° 2, quoique plus longue de 20 mètres, reviendra à peu près au même prix.

La forme double n° 3 coûtera environ 3 millions de fr.

Tous ces travaux ont été exécutés sur les projets et sous la direction de M. l'inspecteur général des ponts et chaussées Noël, par M. Calaman, conducteur des ponts et chaussées, faisant fonctions d'ingénieur.

Les entrepreneurs sont MM. Brunel et Bertholon.

IV

BASSIN DE RADOUB DU PORT MILITAIRE

DE ROCHEFORT.

MINISTÈRE DE LA MARINE ET DES COLONIES.

Un modèle à l'échelle de 0,01.
Nº 1251 (31) du catalogue français.

Dimensions principales. — Ce bassin de radoub a
154 mètres de longueur au couronnement, entre la rainure
la plus éloignée, pour le bateau-porte et le sommet de
l'ogive formant la tête du bassin ; cette longueur se réduit
à 129^m,27 au radier, et la saillie du bateau-porte la réduit
encore à 126^m,30 ; elle n'est plus que 117^m,50 lorsque le
bateau-porte est placé dans la rainure intérieure. Le bassin
peut donc recevoir des navires ayant 126 mètres de longueur entre perpendiculaires à la flottaison.

Sa largeur, établie pour celle du vaisseau de premier rang,
la Bretagne, est, à l'écluse, de 23^m,22 au couronnement des
bajoyers ; leur fruit de 1/5 réduit cette largeur à 18^m,40 à
la naissance du radier en arc de cercle qui a 2^m,15 de flèche.

La largeur est de $22^m,55$ au niveau des plus hautes mers d'équinoxe avec $8^m,55$ de tirant d'eau; au niveau des mortes eaux, le tirant d'eau est réduit à $6^m,20$ et la largeur à $21^m,12$.

Les plus grands navires que peut recevoir le bassin peuvent avoir largement 125 mètres de longueur à la flottaison, et 21 mètres de largeur au maître couple.

Fondations. — Ce bassin a été établi dans un terrain formé au fond d'une couche de rocher calcaire, s'inclinant vers la Charente, recouverte d'une couche de sable vert, surmontée elle-même, du côté de la rivière, par une couche de vase argileuse, appelée *bri* dans le pays, et, vers la tête du bassin, par une couche calcaire interrompue obliquement vers son milieu.

Il a été fondé dans la moitié de sa longueur sur le rocher, après avoir soutenu la couche aquifère et fluente des sables verts par une ligne de puits en maçonnerie, enfoncés dans cette couche à mesure de leur construction par *creusement intérieur*.

L'autre moitié du bassin a été établie sur un pilotage général de pins des Landes de $0^m,55$ de diamètre moyen, battus jusqu'au rocher, et d'une longueur variable de 1 mètre à 16 mètres, à un mètre environ d'axe en axe. Les déblais et les bajoyers ont été faits par parties successives en soutenant les terrains en arrière, de manière à réduire les cubes de terrassements, sans autres accidents que des éboulements survenus vers la fin du travail, à la suite d'orages et de pluies exceptionnelles; ces accidents, prévus à temps, furent heureusement réparés.

Les murs en aile en prolongement évasé des bajoyers du bassin, qui le raccordent d'un côté à la forme double voisine et de l'autre à la rive du fleuve, ont été fondés sur des pilotis de 9 à 10 mètres de profondeur noyés dans le bri, le rocher descendant, dans cette partie, jusqu'à 50 mètres de profondeur. Le grillage sur lequel ils sont établis a été en partie rattaché en arrière à une plate-forme sur pieux, supportant un remblai aussi léger que possible de terres et de fascines.

Matériaux. — Les matériaux employés pour la construction du bassin sont les pierres calcaires plus ou moins dures des carrières des environs de Rochefort (dans le terrain crétacé) et d'Angoulème, et pour les angles, couronnements, rainures du bateau-porte, surfaces des banquettes et radiers, du granit de Bretagne.

On a employé des mortiers très-variés, depuis les mortiers en chaux hydraulique du pays avec ou sans pouzzolane d'Italie, jusqu'à ceux en chaux du Theil et en ciments de la Montagne (dans la rade de l'île d'Aix), de Portland et de Médina.

Les travaux du bassin ont été exécutés à l'abri de batardeaux établis sur le corps d'avant-cales qui occupaient son emplacement. Ces batardeaux ont suffisamment protégé contre les eaux des marées, sans filtrations trop considérables, les épuisements étaient faits par des locomobiles menant des pompes *Letestu*.

Le succès des travaux du bassin proprement dit a été complet ; le passage même de la fondation sur rocher à celle sur pilotis battus, il est vrai, jusqu'au rocher, n'a pas donné lieu à la moindre fissure ; il n'en est pas de même des murs en aile, établis sur des pieux simplement noyés dans le bri ; ils ont éprouvé quelques mouvements, très-peu inquiétants cependant jusqu'à présent. Ces mouvements ont eu lieu à la jonction du bassin, jusqu'au point où l'on a rattaché le grillage de fondation à une plate-forme établie en arrière, et l'on sera peut-être obligé, plus tard, d'établir ce moyen de retenue là où il n'a pas été employé.

L'épuisement du bassin s'opère en dix heures au moyen d'un aqueduc de vidange et de machines à vapeur de 5o chevaux ; lorsqu'il est à sec et que toutes communications avec les sources réunies et amenées dans l'aqueduc d'épuisement sont interrompues par la fermeture d'un robinet, les filtrations sont réduites à 45 mètres cubes par jour ; lorsque la communication est rétablie, les filtrations ne dépassent pas encore 200 mètres cubes par jour.

Le grand bassin de radoub du port militaire de Rochefort a été commencé en mai 1853 et mis en service en août 1861.

Il a coûté 2.5oo.ooo fr., la dépense prévue et autorisée était 2.5oo.ooo fr.

Ce travail a été exécuté par MM. Garnier, ingénieur en chef des ponts et chaussées ; Angiboust, ingénieur des ponts et chaussées ; Charvin, conducteur faisant fonction d'ingénieur ; MM. Tyrait-Cybard et Rigollaud, entrepreneurs.

V

FORME DE RADOUB DU PORT DU HAVRE.

MINISTÈRE DE L'AGRICULTURE, DU COMMERCE ET DES TRAVAUX PUBLICS.

Un modèle à l'échelle de 0,01.
N°. 1251 (3) du catalogue français.

Dimensions principales. — Les dimensions principales de la forme de radoub du port du Havre sont les suivantes :

Longueur sur tains.	130^m,00
Largeur de l'écluse d'entrée, ...	50 ,00
Épaisseur du radier général près des rives.	4 ,50
Hauteur entre la surface du radier général et le couronnement de l'ouvrage.	11 ,00
Tirant d'eau sur le seuil d'entrée { en vive eau. . . .	9 ,00
{ en morte eau. . .	7 ,00

La forme de radoub se compose du radier général ; de l'écluse d'entrée ; de deux bajoyers parallèles réunis, du côté opposé à l'entrée, par un hémicycle ; de cinq grands escaliers avec glissières ; de six petits escaliers de service ; de deux aqueducs d'introduction de l'eau ; d'un aqueduc destiné à la mettre en communication avec le puisard, et enfin du puisard lui-même, qui n'est pas compris dans le modèle exposé.

Radier. — Le radier a une épaisseur générale de 5^m,5o au milieu, épaisseur qui augmente sur les côtés et à mesure qu'on approche des bajoyers vers lesquels il se relève par gradins de o^m,2o de hauteur, dont un de 5 mètres de largeur, et 4 de 1^m,7o. Ces gradins sont bordés d'une arête en granit. Leur relief est destiné à appuyer l'extrémité des étais ou épontilles. A droite et à gauche des tains, règnent les rigoles destinées à écouler les eaux pluviales et les eaux d'infiltrations : elles sont en granit. Le parement général du radier est en briques. Son massif est en béton de ciment de Portland.

Écluse d'entrée. — L'écluse d'entrée se ferme au moyen d'un bateau-porte en fer. La feuillure contre laquelle s'appuie le bateau-porte est en granit et doublée en bois de chêne. La quille et les étraves du bateau-porte sont armées de la même manière, afin de rendre l'étanchéité plus facile à établir.

Une seconde feuillure a été ménagée en avant de la première et à une distance de 15^m,5o. Elle est destinée à recevoir le bateau-porte, quand il y aura lieu de réparer la première feuillure. Son service ne sera donc que temporaire. Elle pourrait être mise également en service, si des navires de plus de 15o mètres étaient mis en usage; ce qui ne paraît pas probable aujourd'hui.

Bajoyers. — Chaque bajoyer est accompagné de deux banquettes en retraite destinées au service. Des organeaux à portée de la main y sont installés pour attacher les amarres. Ils portent en outre les six petits escaliers de service, et sont traversés par les cinq grands escaliers à glissières. Le bajoyer formant hémicycle est disposé de la

même manière que les deux bajoyers parallèles. Ils sont
tous parementés en briques, à l'exception des banquettes
qui sont dallées en granit, ainsi que le couronnement général des murs. Les massifs sont en maçonnerie de moellons ordinaires.

La largeur des banquettes est de. . . . . 1^m,20
La largeur du couronnement des bajoyers est de. . . . . } 2 ,00

Grands escaliers. — Chacun des grands escaliers se
compose de deux files de marches comprenant entre elles
un plan incliné appelé glissière. Chaque pièce de bois à
employer au radoub descend le long de cette glissière et
est dirigée à droite et à gauche par des ouvriers placés sur
l'escalier. Des canons d'amarre, installés au sommet, permettent d'enrouler des câbles de retenue pour modérer la
descente. Le plan incliné est taillé en gorge plate dans le
granit;

Petits escaliers. — Chacun des petits escaliers est pris
dans l'épaisseur du bajoyer. Il a une largeur de 0^m,60. Ces
escaliers permettent aux ouvriers de passer lestement d'une
banquette sur une autre, au fur et à mesure que l'eau, en
descendant, oblige à installer de nouvelles amarres ou de
nouveaux étais.

Aqueducs d'introduction. — Les aqueducs d'introduction
de l'eau dans la forme de radoub sont placés, l'un à droite,
l'autre à gauche de l'écluse de tête. Chacun d'eux a une largeur de 1^m,50 et une hauteur sous clef de 1^m,80. L'aqueduc
est fermé par une vanne et muni de coulisses pour l'installation de poutrelles de sûreté. Les vannes sont manœuvrées
par des crics fixes.

Aqueduc du puisard. — A droite de la tête et au niveau
du plafond des rigoles du radier, se trouve l'aqueduc

d'épuisement, qui met la forme en communication avec le puisard. Il a une largeur de 1^m,10 et une hauteur sous clef de 1^m,94. Le puisard a une longueur de 14 mètres, une largeur 7 mètres au niveau de la banquette et une profondeur de 12^m,50; il est disposé de manière à recevoir trois machines à vapeur. On en installe deux de la force de vingt-cinq chevaux de 200 kilogrammètres chacune.

Bateau-porte. — Le bateau-porte qui ferme la forme est accompagné d'un pont à une voie, qui dispensera les voitures, lorsqu'il sera en place, de contourner la forme sèche pour suivre la ligne des quais du bassin.

Dépense. — La forme de radoub, le puisard, les machines à vapeur et le bateau-porte ont été évalués ensemble à une somme de 4.251.400 fr.

Le compte des entreprises n'est pas encore réglé.

Les ingénieurs chargés de la forme de radoub, depuis l'origine du projet jusqu'à l'accomplissement des travaux terminés sont: MM. Bouniceau, ingénieur en chef des ponts et chaussées et Bellot, ingénieur ordinaire des ponts et chaussées.

Les entrepreneurs sont : MM. Escarraguel (Adolphe), Boulet et Dufficu, pour les maçonneries.

VI

BATARDEAU AVEC PUITS

ÉTABLI POUR LA CONSTRUCTION DU BASSIN DE RADOUB N° 2
AU PORT MILITAIRE DE LORIENT.

—

MINISTÈRE DE LA MARINE ET DES COLONIES.

Modèle à l'échelle de 0,02.
N° 1251 (20) du Catalogue français.

Mode de construction. — La forme de radoub n° 2 du
port militaire de Lorient a été établie au moyen d'un batardeau d'une construction particulière. Reproduisant les
dispositions adoptées pour la fondation d'un quai au port
de Saint-Nazaire, il se composait d'une série de puits, construits indépendamment les uns des autres, et reliés seulement après coup par des murs.

Chaque puits était une sorte de tour carrée, ayant à l'intérieur $2^m,40$, dont les murs avaient une épaisseur uni-
forme de $1^m,20$, et ayant, par conséquent, à l'extérieur,
une longueur de $4^m,80$.

Quinze puits ont été répartis sur la longueur totale
du batardeau, qui est de $99^m,36$.

Ils ont formé ensemble une longueur de 76^m,75.

Les intervalles, au nombre de quatorze, qui existaient entre les puits, formaient ensemble une longueur de 22^m,61.

La longueur des intervalles a varié de 0^m,60 au moins à 2^m,60 au plus, et a été en moyenne de 1^m,61.

La hauteur des puits a varié avec la position du rocher aux points où chacun d'eux a été assis.

Leur sommet a été arasé pour tous, à 0^m,20 au-dessus des plus hautes mers, qui s'élèvent à Lorient de 5^m,90 au-dessus des plus basses mers.

En additionnant cette différence constante avec les cotes du rocher, au-dessous de la basse mer, on voit que la hauteur de ces puits a été au moins de 6^m,09, au plus de 8^m,23, et moyennement de 6^m,98.

Le premier puits a été commencé en juillet 1857, le dernier a été terminé en mai 1858.

La durée moyenne de construction d'un puits a été de trente-trois jours.

Le volume d'eau à extraire pour la construction d'un puits, évalué d'après le nombre des coups de piston de la pompe, a été approximativement de 375 tonneaux, qu'il a fallu élever à une hauteur moyenne de 4 mètres.

Il est entré, en moyenne, 18^{mc},68 de maçonnerie par mètre courant de puits.

L'épaisseur des murs construits dans les intervalles, entre les puits, a été de 1^m,50 à la base, 1^m,20 au sommet, et en moyenne de 1^m,35.

Voici quelques détails sur la construction des puits et des murs de remplissage :

La surface de la vase dans laquelle le batardeau devait être fondé était préalablement dressée au moyen d'un rechargement fait avec de l'argile.

Sur cette vase ainsi préparée, on échouait, à mer descendante, une plate-forme composée de deux pans de bois croisés rectangulairement et formés de madriers en sapins du pays de o^m,20 de largeur et de o^m,10 d'épaisseur. Au centre de cette plate-forme se trouvait un vide correspondant au vide du puits.

La plate-forme échouée, des maçons élevaient immédiatement, et jusqu'à 1 mètre de hauteur, les premières assises du contour.

Un enfoncement de 25 à 30 centimètres a suffi pour empêcher l'introduction de l'eau par-dessous, mais il n'y avait pas moins à vider à chaque marée l'eau de mer qui remplissait les puits à marée haute. Cet épuisement s'est fait à bras lorsqu'il n'y avait que 1 mètre à 1^m,50 de hauteur de maçonnerie; pour une plus grande hauteur, on s'est servi de pompes aspirantes et foulantes de 14 centimètres de diamètre d'abord, et ensuite de pompes aspirantes de 40 centimètres de diamètre, du système Letestu, comme les précédentes; ces pompes exigeaient l'emploi de seize hommes chacune.

La descente des puits ne s'est pas opérée uniformément suivant la verticale; des obstacles de toute nature, tels que bois et pierres enfouis depuis longtemps à diverses profondeurs, ont arrêté les plates-formes dans leur descente et occasionné des déversements contre lesquels on a lutté avec les plus grandes précautions, tantôt en mettant un obstacle au point qui descendait le plus vite, tantôt en dégageant celui qui était arrêté. L'obstacle était un ou deux billots en bois placés dans de petites fouilles creusées jusqu'à une couche de terrain plus compacte; le plus souvent il a suffi de dégager le côté qui était arrêté dans la descente, pour que le redressement eût lieu lentement. La plus forte inclinaison

qu'ait prise un puits a été de 70 centimètres sur 4^m,10 de
hauteur, soit 17 centimètres par mètre.

Lorsque, par un sondage, on s'était assuré que le rocher
n'était plus éloigné du dessous de la plate-forme que d'environ 70 à 80 centimètres, ce qui du reste se manifestait par
le changement de couleur et de nature du sol, on arrêtait
la descente du puits par l'interposition de billots en bois
en quatre points voisins des angles.

Sur le milieu des quatre faces latérales, des niches pratiquées dans le terrain, au-dessous des plates-formes, ont été
creusées jusqu'au rocher qu'on dressait, et ensuite remplies
par des massifs de maçonneries en moellons ordinaires
avec mortier de chaux hydraulique, ayant environ la moitié de l'épaisseur de la paroi du puits sous laquelle ils étaient
construits. Ces massifs constituaient des tasseaux provisoires qui ont permis d'enlever les quatre billots en bois
voisins des angles, de vider successivement et complétement
ces angles jusqu'au rocher, de dresser ce dernier, d'enlever
à l'aide de ciseaux et de scies la partie de la plate-forme
du puits qui leur correspondait, et enfin de construire une
maçonnerie en moellons ordinaires, avec mortier de chaux
hydraulique, en remplissant exactement le vide.

Cette opération terminée aux quatre angles de chaque
puits, les tasseaux provisoires ont été démolis successivement, et le vide fouillé, d'une part, jusqu'au fond de la
paroi et à droite et à gauche, jusqu'à la rencontre des massifs construits dans les angles. La plate-forme restante était
enlevée et le rocher dressé.

Ces vides ainsi préparés, on y a établi des maçonneries
de même nature que celles des angles et se reliant soigneu-
sement avec elle.

Cette opération de reprise en sous-œuvre a été effectuée

pour tous les puits au moment où leur couronnement avait atteint une hauteur de 20 centimètres au-dessus des marées de vive eau d'équinoxe, 10 centimètres seulement au-dessus de la marée extraordinaire du 26 octobre 1859.

Les puits ainsi descendus et définitivement arrêtés, on s'est occupé de les relier les uns aux autres par des murs affleurant les parements extérieurs, c'est-à-dire les parements du côté de la mer.

Au niveau de la vase, qui était généralement à 2 mètres au-dessus des basses mers, on a placé à l'extérieur des puits, dans le plan formé par les faces de deux puits consécutifs, une traverse en sapin de 20 centimètres d'équarrissage, affleurant ce plan et ayant chacune de ses extrémités scellée dans la maçonnerie des puits.

La même opération a été faite pour la face intérieure du batardeau. A 50 centimètres environ du sommet des puits, tant à l'extérieur qu'à l'intérieur du batardeau, des traverses de même équarrissage ont été pareillement scellées ; l'intervalle de deux puits consécutifs s'est trouvé ainsi barré par deux cours de traverses contre lesquelles on a descendu au mouton des palplanches jointives taillées en V, et dont la pointe avait la forme de coins obliques ; ces bois avaient 20 centimètres de largeur et 10 centimètres d'épaisseur. Les joints ont été calfatés et brayés dans leurs parties visibles.

L'intervalle de deux puits étant devenu ainsi un puits intermédiaire, on a opéré le dragage jusqu'au rocher qui a été dressé. Le long de la face intérieure des palplanches, formant prolongement extérieur des puits, on a élevé des murs avec fruit, et ayant au bas 1^m,50 d'épaisseur, et au haut 1^m,20.

Les palplanches et les traverses qui formaient la cloison à l'intérieur du batardeau ont été enlevées.

La construction a été faite avec le plus grand soin; les parements ont été généralement exécutés au mortier de ciment. Toutes les dispositions avaient été prises pour faciliter la démolition de ces maçonneries après l'achèvement des travaux.

Le cube total des maçonneries et charpentes, qui sont entrées dans la construction de l'ensemble du batardeau, a été de $2.485^{mc},46$.

La surface développée du parement, côté de la mer, était de $776^{mc},69$.

L'épaisseur moyenne du batardeau a donc été de $3^m,o3$.

La hauteur d'eau dont il a eu à supporter la charge a été :

$$
\begin{array}{ll}
\text{Au minimum de.} & 0^m,98 \\
\text{Au maximum} & 8\ ,o3 \\
\text{Et en moyenne.} & 6\ ,78 \\
\end{array}
$$

Il a parfaitement résisté aux plus fortes marées, et ne laissait passer que des suintements dont le produit n'a jamais dépassé 160 mètres cubes d'eau par vingt-quatre heures, ou $1^l,85$ par seconde.

A l'abri de ce batardeau on a exécuté, du 1ᵉʳ mai 1858 au 26 juin 1861, une fouille dont la superficie a atteint 1.562 mètres carrés, et qui a été descendue jusqu'à $7^m,3o$ en contre-bas du niveau des basses mers, soit à $6^m,5o$ en contre-bas du niveau moyen de fondation des puits.

On a excavé des galeries sous le batardeau, et sous le seuil en rocher sur lequel il repose, vers le chenal du port, là où doit être pratiquée la passe d'entrée, et l'on en a ainsi extrait un cube de 754 mètres cubes.

Le front est du batardeau est aujourd'hui démoli jusqu'en contre-bas du niveau des plus basses mers. La vase qui recouvrait le seuil du rocher a été grattée et enlevée, d'abord au moyen de dragues à vapeur, et à la fin, à la pelle au moyen de scaphandres.

Il ne reste, pour compléter la série des travaux à exécuter, qu'à extraire, par des procédés sous-marins, un cube de rocher de 1.168 mètres cubes.

Cette extraction, qui fait l'objet d'un marché à forfait, doit être terminée pour le 4 mars 1863. Elle est commencée depuis le 17 février 1862. Une première mine a déjà produit un grand effet; tout permet d'espérer que l'enlèvement du seuil s'achèvera heureusement dans le délai fixé.

Les travaux, commencés en 1857, devant être terminés en 1863, auront duré six ans.

Dépenses. — Les dépenses faites pour la construction du batardeau peuvent se résumer de la manière suivante :

Maçonneries diverses	58.021f,00
Charpentes	10.472 ,00
Ferronnerie	2.066 ,00
Terrassements et curages	17.503 ,00
Épuisements	17.503 ,00
Éclairage	4.480 ,00
Part afférente au batardeau des achats de machines à vapeur, pompes, etc.	5.899 ,10
Total	116.544f,10

Cette somme donne pour prix du mètre courant de batardeau 1.044 fr. 73 c.

La dépense n'atteindra pas le chiffre auquel un batardeau en terre avait été évalué. On a gagné, en outre, par l'emploi du système de batardeau en maçonnerie avec puits, du temps et une sécurité complète pendant la construction du bassin.

Les travaux ont été exécutés sous la direction de M. Harduin, ingénieur en chef des ponts et chaussées, par M. Le Bouedec, ingénieur des ponts et chaussées, qui a été activement secondé par un conducteur des ponts et chaussées, M. Kiezell.

L'entrepreneur a été M. Jégou.

VII

ÉCLUSE DE LA CITADELLE

AU PORT DU HAVRE.

—

MINISTÈRE DE L'AGRICULTURE, DU COMMERCE ET DES TRAVAUX PUBLICS.

———

Un modèle à l'échelle du 0,04.

N° 12M (2) du catalogue français.

———

Dimensions principales. — Les dimensions de l'écluse de la citadelle ont été calculées, non-seulement en vue d'y recevoir les navires les plus forts usités aujourd'hui, mais encore ceux qui seraient proportionnés aux passes du port de New-York, avec lequel le port du Havre a ses principales relations.

C'est en se plaçant dans cet ordre d'idées qu'on a fixé à $8^m,5o$ le creux de la passe en pleine mer de mortes eaux, et qu'on a donné à l'écluse $3o^m,5o$ de largeur, dimension reconnue nécessaire pour les bâtiments transatlantiques.

Il n'a pas été pratiqué de sas à l'écluse de la citadelle, pas plus qu'aux autres écluses du Havre, par la raison que, lorsque l'étale de la mer prend fin ou avant qu'elle s'établisse, l'accès du port est impossible aux grands navires, pour lesquels l'écluse a été construite.

Les angles des têtes de l'écluse sont surmontés de dés en maçonnerie, qui ont le double but : 1° d'élever les poteaux rias à la hauteur nécessaire à la manœuvre des transatlantiques; 2° d'empêcher les tambours des roues de coiffer les bajoyers. On n'a pas eu besoin d'en placer à la tête amont, côté droit, parce que le mur du quai du bassin se soude au bajoyer, comme un ajutage, et rend plus facile la direction des manœuvres.

Les dimensions les plus importantes de l'écluse sont les suivantes :

Largeur de l'Écluse.	30m,50
Longueur de tête en tête (côté Sud).	108 ,25
Épaisseur du bas radier.	5 ,00
Épaisseur du haut radier.	4 ,00
Hauteur du couronnement général par rapport au haut radier.	13 ,00
Hauteur des dés en maçonnerie par rapport au couronnement général.	2 ,50
Longueur d'une enclave des portes.	18 ,10
Profondeur de la même enclave.	5 ,50
Épaisseur maxima des culées.	11 ,50
Épaisseur en face des encuvements du pont.	16 ,00
Profondeur de l'encuvement du pont.	14 ,78
Tirant d'eau dans les vives eaux.	10 ,70
Tirant d'eau dans les mortes eaux.	9 ,60

Mode de fondation. — L'écluse a été fondée sur un radier général en béton de ciment de Portland, reposant sur le sol naturel. La mauvaise qualité de celui-ci a obligé de donner au radier une forme courbe, dans le but de présenter une assiette plus large aux bajoyers, dont la masse aurait pu déterminer un tassement sans cette précaution. La courbe générale est formée de deux demi-anses de panier réunies vers l'axe de l'écluse par une ligne droite.

Il n'y a donc de courbure sensible que vers les parties des angles que les navires ne peuvent pas accoster.

Portes de l'écluse. — L'écluse est pourvue de deux paires de portes d'èbe destinées à faire chacune au besoin, par exception et sans le concours de l'autre, le service du bassin, et destinées, en temps ordinaire, à partager la charge. L'importance du bassin à flot, son étendue, ses travaux ne permettent pas d'y faire descendre l'eau au niveau des basses mers, et l'on n'a pas cru être assez garanti contre une pareille éventualité par une seule paire de portes.

Chaque vantail a une largeur de $17^m,50$, et une hauteur de $9^m,80$. Son épaisseur au milieu est de $1^m,90$. Il est composé de deux poteaux réunis par de nombreuses entretoises, liées par des gournables en bois, des fiches en fer, deux grandes écharpes, des frettes, des étriers, des équerres et des boulons. Deux roulettes, dont on peut relever ou abaisser le niveau, lui servent au besoin de point d'appui. Deux ventelles et un pont de manœuvre complètent son système. Il est mis en mouvement par deux treuils, destinés l'un à son ouverture, l'autre à sa fermeture. Une porte-valet est destinée à le tenir clos et à empêcher son batillement sous l'effet du ressac, vers le moment du plein, par les vents du large.

Chaque entretoise est composée de six pièces de sapin de Prusse, superposées. Deux, formant l'entrait, sont rectilignes ; les quatre autres, formant la partie cintrée, ont été courbées à la vapeur. Les entretoises sont juxta-posées sur toute la partie inférieure de la porte. Elles sont liées par les bordages et par de fortes pièces de sapin allant de l'entretoise supérieure à celle inférieure, et remplissant, comme un noyau, l'intervalle des entraits et des courbes.

La flèche du busc a été calculée pour que les courbes des deux vantaux ne forment qu'un seul arc, quand les portes sont fermées. Son rayon est de 52^m,70.

Pont sur l'écluse. — Le pont, destiné au passage des piétons et des voitures, est à double voie avec trottoirs. Il est composé de deux volées de 29^m,58 de longueur chacune, qui se manœuvrent simultanément, en deux minutes pour l'ouverture, et en trois ou quatre minutes pour la fermeture.

Chaque volée tourne librement sur un pivot à tête d'acier, coiffé d'une crapaudine en bronze faisant partie de la volée. Le lest de la culée est calculé de manière que le centre de rotation soit à peu près au centre de gravité de la masse, avec une surcharge légère du côté de la culée. Pour ouvrir le pont, on soulève un peu la culée au moyen de crics adhérents appelés verrins, on retire les cales qui la supportaient ; on desserre les verrins, et la culée opérant un léger mouvement de bascule, s'appuie sur une roulette. Les pontiers n'ont alors qu'à pousser à la main, pour faire tourner la volée. Deux autres roulettes, placées à droite et à gauche du pivot, modèrent l'oscillation transversale de la volée en mouvement. La manœuvre des deux volées s'opérant ensemble, l'ouverture du pont ne dure, comme nous l'avons dit plus haut, que deux minutes, employées plus spécialement à tourner les crics ou verrins.

La clôture du pont se fait par la même manœuvre, opérée dans l'ordre inverse.

Dépense. — L'écluse, les portes et le pont ont été évalués ensemble à la somme de 3,468,540 fr.

Le compte des diverses entreprises n'est pas encore réglé.

Les ingénieurs chargés des travaux de l'écluse, depuis

l'origine des projets jusqu'à l'achèvement des ouvrages sont :
MM. Bouniceau, ingénieur en chef des ponts et chaussées;
Lemaître, ingénieur ordinaire des ponts et chaussées.

Les entrepreneurs sont : MM. Escarraguel (Jacques) et
Monet, pour l'écluse; Escarraguel (Adolphe), Roulet et
Duffieu, pour les portes; Perrin, pour le pont.

VIII

PORTES DE L'ÉCLUSE DE 25 MÈTRES D'OUVERTURE

DU PORT DE SAINT-NAZAIRE (LOIRE-INFÉRIEURE).

MINISTÈRE DE L'AGRICULTURE, DU COMMERCE ET DES TRAVAUX PUBLICS.

Un modèle à l'échelle de 0,1.

Nº 1251 (4) du catalogue français.

Dimensions principales. — Chacun des vantaux des portes de l'écluse de 25 mètres d'ouverture du port de Saint-Nazaire a 15^m,96 de largeur totale et 10 mètres de hauteur.

Son épaisseur aux poteaux est de 0^m,60 et celle au milieu de 1^m,60. La face d'aval est plane, la face d'amont est courbe et tracée suivant un arc de cercle concentrique à celui qui passe par l'angle intérieur des chardonnets et la pointe du busc.

Composition de la porte. — Chaque vantail est composé de seize entretoises en bois formées d'un entrait de 0^m,40 et de quatre pièces courbées à l'étuve de 0^m,20 d'épaisseur. Les deux pièces courbes intérieures viennent buter contre l'entrait par l'intermédiaire de plaques en tôle renforcées par

des cornières, les deux autres sont prolongées jusqu'aux extrémités de cet entrait. Un système de tasseaux, d'étriers et
de boulons complète chaque entretoise qui n'est en définitive qu'une poutre armée.

Treize des entretoises, qui n'ont que $0^m,37$ d'épaisseur,
sont superposées sur une hauteur de $4^m,80$ à la partie inférieure du vantail; les trois autres, qui ont $0^m,40$ d'épaisseur,
sont respectivement espacées de $0^m,95$, $0^m,90$ et 2 mètres.
Des calages en bois et des cadres en fer forgé maintiennent
l'écartement de ces dernières. Quinze clefs verticales, bat-
tues à la sonnette après la pose des entretoises supérieures,
complètent la charpente.

Il n'y a point, à vrai dire, de poteaux busqués et tourillons. Les entretoises sont prolongées dans toute la longueur
du vantail et simplement enveloppées aux abouts par des
anneaux en tôle de 10 millimètres d'épaisseur rendus solidaires au moyen de plaques de jonction intérieures, conso-
lidés par des fonds également en tôle et reliés d'un poteau
à l'autre par trois entretoises en métal dont les deux premières enveloppent la partie pleine des portes et dont la dernière repose sur l'entretoise en bois supérieure.

Les tourillons en fonte, engagés et boulonnés dans les
entretoises extrêmes, sont en outre rivés aux derniers anneaux du poteau.

Un bordage vertical en madriers, de $0^m,086$ d'épaisseur,
règne sur toute la face courbe d'amont et un bordé étanche
en tôle de $0^m,005$ d'épaisseur est enfin établi sur la face
plane d'aval entre les deux entretoises en tôle supérieures.

L'idée véritablement nouvelle que présentent les portes
de Saint-Nazaire est celle de la suppression des poteaux tourillons et busqués. Il résulte de cette suppression qu'on n'a
plus à se préoccuper de la recherche de bois tout spéciaux,

et d'un prix très-élevé pour les portes d'écluse à grande ouverture et à grand tirant d'eau, et qu'on n'a plus à craindre la dislocation des assemblages des entretoises dans les poteaux par où périssent toutes les portes d'écluse. On n'a plus besoin que de bois résineux de dimensions qui n'ont rien d'exceptionnel. L'idée de chercher à obtenir les liaisons verticales au moyen de clefs intérieures aux vantaux paraît également bonne, mais elle avait déjà été appliquée aux portes d'une écluse de 16^m,50 d'ouverture.

Les portes construites en 1856 ont été exécutées entièrement en bois de sapin de Prusse ; celles de 1858 l'ont été en bois de pitchpine. Les unes et les autres fonctionnent depuis leur mise en place sans accident et sans qu'on ait eu à constater la moindre dislocation.

Dépenses. — Le prix de revient de la paire de portes de 1858, construite en régie, s'établit comme suit :

243^{mc},50 de charpente en place à 338^f,57 le mètre cube¹	82.027^f,85
16 993^k 5 de tôle galvanisée à 1^f,70 le kilog.	28 890 ,65
20.260 kil. de tôle non galvanisée à 1^f,50 le kilog.	30.590 ,00
16.816 kil. de ferrements galvanisés à 1^f,40 le kil	22.184 ,40
12.617 kil. de ferrements non galvanisés à 1^f,20 le kilog.	13.170 ,40
5.006 kil. de fonte à 0^f,626 (prix moyen).	1 881 ,76
Calfatage.	2.291 ,44
Peinture, enduits et mastic.	6.755 ,78
Frais divers et menues fournitures.	2.865 ,65
Total.	192.464^f,51

Il importe de remarquer que ce prix serait aujourd'hui sensiblement réduit par suite de la suppression des droits d'entrée sur les matières premières.

Les deux paires de portes de l'écluse de 25 mètres d'ouverture du port de Saint-Nazaire ont été construites dans le

___

¹ La fourniture du bois entre dans le prix du mètre cube de charpente pour la somme de 169^f,59.

même système, la première, en 1856, par feu l'ingénieur des ponts et chaussées Alexandre Watier et sur ses dessins ; la seconde, par M. Leferme, ingénieur des ponts et chaussées en 1858.

Les travaux ont été commencés sous la direction de M. Jégou, ingénieur en chef des ponts et chaussées. Ils ont été continués et achevés sous les ordres de M. Chatoney, ingénieur en chef des ponts et chaussées.

IX

DÉRASEMENT DE LA ROCHE LA ROSE,

AU PORT DE BREST.

—

MINISTÈRE DE LA MARINE ET DES COLONIES.

———

Un modèle à l'échelle de 0,01.

N° 1231 (30) du catalogue français.

———

Objet du travail. — Le dérasement de la roche *la Rose* a eu pour objet de faire disparaître, à l'entrée du port militaire de Brest, un écueil situé au milieu du chenal qu'il divisait en deux parties d'inégale largeur, opposant ainsi un obstacle des plus gênants à l'entrée et à la sortie des navires, et surtout de ceux présentant une grande longueur de quille.

La roche *la Rose*, formée d'un gneiss très-dur et très-compacte, entremêlé de filons de quartz, affectait la forme d'un mamelon isolé, à base elliptique, dont le sommet s'élevait à $0^m,77$ en contre-bas des plus basses mers d'équinoxe, et dont les parois inclinées s'enfouissaient, à une profondeur variable de 5 à 6 mètres au-dessous du même niveau, dans la couche de sable qui tapisse le fond du port.

Le dérasement a été poussé jusqu'à la rencontre du sable et même un peu plus bas, pour permettre à celui-ci de s'étendre sur l'emplacement de la roche, et d'y former un matelas propre à atténuer les conséquences d'un contact accidentel entre celle-ci et la quille ou les parties inférieures de la carène des bâtiments entrant dans le port ou en sortant.

Procédé d'extraction. — Le procédé d'extraction consistait dans l'emploi de charges de poudre, de 5o à 6o kilogrammes, contenues dans des touques en grès ou bombonnes à acides (1) qu'un plongeur armé d'un scaphandre allait placer, au moment de la pleine mer, sur les parties de la roche que l'on voulait désagréger. Le feu était communiqué à la poudre au moyen d'une mèche ou fusée Bickford, à enveloppe en gutta-percha.

Les déblais produits par les explosions ne pouvaient être simplement écartés et répandus autour de la roche, puisqu'on eût ainsi obstrué les chenaux voisins. On a donc procédé à l'enlèvement de ces déblais en les tirant hors de l'eau au moyen d'une chèvre, au fur et à mesure que, suivant leur volume, un plongeur les élinguait, les prenait dans les mâchoires d'une tenaille articulée, ou les plaçait dans des caisses métalliques à claire-voie. Cette opération de l'enlèvement des déblais se faisait toujours entre la basse mer et la marée moyenne, pour diminuer la fatigue des plongeurs et faciliter leur travail, en le limitant aux heures où ils recevaient sous l'eau une lumière suffisante.

---

(1) On a employé, au début de l'opération, des caisses cylindriques en tôle, de la même contenance, mais on y a promptement renoncé, après avoir reconnu que les touques en grès, bien moins coûteuses, donnaient d'aussi bons résultats.

L'échafaudage flottant sur lequel reposaient les appareils d'extraction des déblais, en même temps que la pompe du scaphandre, divers autres apparaux et les cabanes servant de vestiaire aux plongeurs, consistait en deux radeaux de 12^m,60 de long sur 3^m,60 de large chacun, jumelés parallèlement au moyen de bordages, de manière à laisser entre eux un intervalle rectangulaire de 2 mètres de large sur 10 mètres de long, dans lequel se manœuvraient les échelles des plongeurs. Cet ensemble des deux radeaux était amarré par les quatre angles sur autant d'ancres placées à quelque distance du périmètre de la roche ; cette disposition permettait de déplacer facilement l'échafaudage, suivant que l'on voulait travailler sur les divers points de ladite roche, et d'enlever complétement les radeaux, puis de les ramener promptement en place, quand l'entrée ou la sortie d'un grand navire nécessitait cette manœuvre.

L'atelier se composait de neuf à dix hommes, y compris le chef d'atelier ; sur cet effectif il y avait toujours six à huit plongeurs se relayant à tour de rôle pour le travail sous-marin, et employés, dans les intervalles, aux manœuvres de la pompe à air et du treuil, ainsi qu'à la conduite du tuyau d'air et du cordon de sûreté du plongeur.

Un seul plongeur travaillait à la fois ; l'espace restreint dont on disposait sur l'échafaudage flottant n'eût permis que difficilement d'y faire fonctionner à la fois deux scaphandres, et le trop grand rapprochement des deux plongeurs au fond de l'eau eût pu amener des accidents dont la crainte seule eût suffi pour influer défavorablement sur la quantité d'ouvrage produite par chaque plongeur.

La durée du travail journalier d'extraction des matériaux était de six à sept heures (trois heures ou trois heures et demie avant la basse mer et autant après) ; ce travail était exécuté par trois plongeurs successifs, qui restaient ainsi chacun deux heures environ sous l'eau, soit sans interruption, soit en deux reprises; il produisait en moyenne 2 mètres cubes de déblais enmètrés, correspondant, d'après des expériences préalablement faites, à 1^{mc},60 de roc déblayé massif.

Le nombre des mines tirées, à haute mer, sous une charge d'eau qui a varié de 7 à 13 mètres, a été généralement de 12 par mois, réparties, à raison de 2 par jour, sur les six jours les plus voisins des syzygies.

Durée et résultat du travail. — L'opération du dérasement de *la Rose* a été commencée le 8 avril 1857; mais ce n'est qu'à partir du 19 mai de la même année que le chantier se trouvant convenablement installé, les travaux ont pu être exécutés d'une manière continue jusqu'au 21 septembre 1861, époque de leur achèvement. Pendant ce laps de temps, comprenant quatre ans et quatre mois, le travail n'a été interrompu que pendant les chômages, assez fréquents d'ailleurs, nécessités par les dimanches et jours fériés, par le mauvais temps qui rendait la descente des plongeurs impossible, ou par l'obligation de déplacer l'échafaudage flottant pour faciliter les mouvements des bâtiments à l'entrée et à la sortie du port de Brest. Le volume de rocher enlevé représente environ 20.000 mètres cubes, ainsi qu'on a pu le constater au moyen de profils relevés avant et après l'opération.

Dépenses. — La dépense totale, occasionnée par les travaux de dérasement de *la Rose*, s'est élevée à 64,502 fr. 50 cent.

Ce chiffre, comparé à celui représentant le volume massif de roc déblayé (2.000^{mc},00), fait ressortir le prix du mètre cube à 34 fr. 82 cent., soit en chiffre rond 35 fr.

La quantité de poudre de mine consommée, pour effectuer le même travail, étant de 25.872 kilog., on voit qu'il a fallu en moyenne $12^k,94$ pour désagréger 1 mètre cube de roc.

L'opération du dérasement de *la Rose* s'est accomplie sans qu'on ait eu à regretter aucun accident, malgré les conditions difficiles et parfois dangereuses dans lesquelles se trouvaient placés les plongeurs.

Ces travaux ont été exécutés sous la direction de M. Dehargne, ingénieur en chef des ponts et chaussées, par M. Verrier, ingénieur ordinaire des ponts et chaussées, secondé par M. Sabot, conducteur des ponts et chaussées.

SIXIÈME SECTION.

PHARES.

I

PHARE DES BARGES.

—

MINISTÈRE DE L'AGRICULTURE, DU COMMERCE ET DES TRAVAUX PUBLICS.

Trois modèles à l'échelle de 0,04.

N° 1251 (b) du catalogue français.

Emplacement. — Le phare des Barges, commencé en 1857 et terminé en 1861, est situé à l'ouest du port des Sables-d'Olonne, à 2,100 mètres de la côte, sur le plateau de la Grande-Barge d'Olonne, qui a 600 mètres environ de longueur sur 300 mètres de largeur, et qui est entièrement sous-marin, à l'exception de quelques aiguilles qui s'élancent cà et là par groupes isolés.

Les courants de marée n'y sont pas très-forts ; mais la

mer y est d'une violence extraordinaire, parce que les
grandes lames de l'Atlantique arrivent sur le plateau sans
avoir rencontré jusque-là aucun obstacle de nature à diminuer leur puissance. On en donnera une idée en citant ce
fait que souvent, dans les gros temps, les paquets de mer
s'élèvent contre la tour à plus de 3o mètres de hauteur et
retombent avec force sur la coupole du phare.

On n'a pas pu placer l'édifice sur l'aiguille la plus haute
et la plus facile à aborder, parce qu'elle n'offrait pas une
assiette suffisamment sûre. Celle sur laquelle on a dû s'établir est une des plus exposées aux coups de mer du large;
son niveau moyen ne dépassait que de $0^m,5o$ les basses
mers de vives eaux ordinaires, et se trouvait à $0^m,8o$ au-
dessous des basses mers de mortes eaux; il a fallu, en certains points, descendre les fondations jusqu'à $1^m,2o$ en
contre-bas du niveau moyen, c'est-à-dire jusqu'à $0^m,7o$ en
contre-bas du niveau des basses mers de vives eaux ordinaires. C'est dire assez toutes les difficultés qu'on a eu à
surmonter pour l'établissement des premières assises; elles
ont été d'autant plus grandes que le rocher est formé d'un
granit extrêmement dur, sur lequel un tailleur de pierres
usait en une heure de travail plus de dix pointes de marteau fortement aciérées.

Les inégalités de la surface et les filons inclinés que présentait la roche sur une partie de son étendue, ont engagé
à encastrer la première assise du parement de $0^m,25$, à $0^m,5o$
dans le rocher, afin de s'opposer à tout mouvement de glissement. On a, en conséquence, creusé sur tout le pourtour
du phare une rigole circulaire de $1^m,5o$ de largeur, disposée
par gradins horizontaux que l'on a raccordés au moyen des
pierres de hauteur variable qui forment les trois premières
assises.

Ce dérasement n'a pas exigé moins de deux campagnes tout entières, celles de 1857 et 1858.

Dès le commencement des travaux, on ne tarda pas à reconnaître la nécessité de se couvrir contre les lames venant du large par des ouvrages accessoires, de nature à faciliter les débarquements et à permettre d'utiliser le plus grand nombre de marées possible, aussitôt que l'ouvrage principal commencerait à dominer le niveau des hautes mers.

Une jetée de $3^m,5o$ de largeur en couronne a été construite à cet effet sur 70 mètres de longueur du sud au nord, en partant du pied du phare, de manière à abriter de la lame venant de l'ouest, et l'on a complété cet ouvrage par une petite amorce partant aussi du phare et dirigée vers l'est, afin de former éventail avec la grande jetée et d'abriter ainsi contre la lame du sud.

Le couronnement de la grande jetée a été établi au niveau des hautes mers de mortes eaux, ce qui a parfaitement suffi pour abriter les canots pendant le temps nécessaire au débarquement des matériaux.

L'amorce dirigée vers l'est a été exécutée progressivement, afin d'observer les résultats successifs qui se produiraient ; car, par un effet qu'on observe toujours sur les plateaux isolés dont le relief offre l'aspect d'un vaste cône, la lame, bien que venant généralement du sud-ouest, contournait le plateau et revenait en longeant le parement intérieur de la grande jetée, dans une direction presque opposée à la lame principale ; de là le parti auquel on a été conduit de laisser en arrachement l'amorce à l'est du phare, au risque de ne pas détourner aussi efficacement la lame du sud-ouest, mais afin de laisser à celle du nord une ouverture pour s'échapper, et d'éviter ainsi le ressac énorme qu'elle aurait produit au point de débarquement, en se réfléchissant

contre le parement plein des ouvrages du phare et de la
jetée de l'est.

C'est la même considération qui a conduit plus tard à construire une tourelle isolée du phare, pour y établir le treuil
de la grande bigue de levage.

Les ouvrages accessoires, dont la dépense peut être éva-
luée à 80,000 fr., ont été commencés dès la campagne de
1858, continués en 1859 et terminés seulement au commencement de la campagne de 1860.

Exécution simultanée du phare et des ouvrages accessoires.
— L'exécution des ouvrages accessoires n'a pas retardé notablement la construction principale, parce qu'on n'a jamais
négligé de travailler au phare toutes les fois qu'on l'a pu.
Ainsi, en 1858, on achevait presque entièrement le dérasement du rocher; en 1859 on parvenait à débarquer et à
poser les premières assises du phare; c'est dans l'exécution
de ces premières assises qu'on a eu à surmonter les plus
grandes difficultés.

La principale cause de retard provenait du goëmon qui,
à chaque interruption de quelques jours, recouvrait les portions de rocher encore à nu, les pierres de granit et la maçonnerie de blocage.

Il était indispensable d'enlever ce goëmon pour bien relier
les nouvelles maçonneries aux anciennes ou au rocher; on
y est parvenu par l'emploi de l'acide chlorhydrique, qui dé-
truisait l'élément calcaire au moyen duquel se fixait sur ce
rocher la racine de la plante.

Apparaux. — Les pierres des quatre premières assises
furent débarquées et posées au moyen de petits apparaux
provisoires. Des apparaux plus puissants avaient été installés ensuite, mais ils furent emportés par la tempête de la
fin d'octobre 1859.

Ils furent remplacés par les apparaux que le modèle reproduit et qui se composent : 1° d'un mât vertical tournant, reposant sur un pivot, et maintenu en tête par un collier et quatre étais en chaînes de fer ; 2° d'un bras mobile à volée variable qui, à la fin de chaque marée, venait s'accoler au mât vertical de manière à ne donner que le moins de prise possible à la mer.

C'est cette grue qui a servi jusqu'à la fin du travail.

Pour la pose, on adopta provisoirement un système de petite grue tournante qui se rabattait par terre à la fin de chaque marée, et qui servit jusqu'au moment où l'on put, sans crainte de la voir enlever par la mer, placer la petite hune susceptible de monter dans l'intérieur de la tour creuse, au fur et à mesure de son élévation, et qui a servi au montage et à la pose de toute la partie creuse de la tour, depuis la quatrième assise au-dessus du radier de la cave.

Cette hune, ainsi qu'on peut s'en rendre compte sur le modèle du phare, consistait en quatre arbalétriers assemblés sur un poinçon creux, et reliés par les pièces du plancher, ainsi que par diverses armatures. Un pont saillant et un petit chariot permettaient de saisir les pierres au dehors de la tour, de les rentrer pour les déposer sur le haut, puis de les reprendre et de les distribuer au moyen d'une bigue roulant sur un cercle en fer.

Elle reposait, par chacun de ses quatre pieds, sur une série de poteaux superposés et bien étrésillonnés le long du parement intérieur du phare.

On la relevait de deux en deux assises, au moyen de quatre verrins placés sous les quatre pieds de la hune et d'un cric placé sous le pont de service.

En 1860, on acheva entièrement la jetée, et l'on éleva le plan du niveau de la jetée à celui du pavé du vestibule.

La construction de la cave exigea du reste un temps assez long, parce qu'elle fut souvent remplie d'eau par des paquets de mer, ce qui nécessita d'assez fréquents épuisements et fit, par conséquent, perdre une grande partie du peu de temps qu'on pouvait passer au phare ; les cintres de la voûte, plusieurs fois dérangés, furent aussi une nouvelle cause de retard.

Les travaux purent être achevés dans la campagne de 1861. L'éclairage fut installé le 15 octobre de la même année.

Le tableau suivant résume le temps pendant lequel on a pu travailler ; il donnera une idée des difficultés que la mer a apportées à l'exécution des travaux.

Année	Temps pendant lequel on a pu travailler		Nombre de marées qu'on a utilisées		Nombre de fois où l'on a pu débarquer pour travailler	OBSERVATIONS.
	Au phare.	aux jetées.	au phare.	aux jetées.		
	h.	h.				Si le nombre des débarquements a toujours été, depuis 1858, plus faible que le nombre des marées utilisées, cela tient d'une part à l'exécution simultanée du phare et des ouvrages accessoires toutes les fois que cela a été possible, et d'autre part à ce qu'en 1861 les ouvriers qui couchaient au phare ont souvent travaillé certaines journées où il a été impossible de débarquer.
1857	37 3/4	»	24	»	23	
1858	45 1/2	11"	39	57	54	
1859	146	101 1/2	79	92	80	
1860	273 1/4	75 3/4	53	35	73	
1861	1264	14	144	»	187	
Ensemble	1960 1/2	309 1/4	329	142	346	

Description. — Le phare est construit d'après le type adopté pour les phares en mer de troisième ordre, et consiste en une tour ayant $24^m,81$ de hauteur au-dessus du niveau moyen du rocher, surmontée elle-même d'une tourelle en maçonnerie et d'une lanterne qui porte le plan focal à $25^m,16$ au-dessus des plus hautes mers d'équinoxe. Le soubassement est exécuté en maçonnerie pleine, et il offre une courbure elliptique qui lui donne un empatement convenable; son diamètre, qui est de 12 mètres à la base, se réduit à 6^m,50 à la partie supérieure. Le massif du soubassement est en maçonnerie de moellons, à l'exception du parement qui est en pierres de taille de granit reliées entre elles, pour plus de solidité, par des tenons et mortaises.

Le seuil de la porte d'entrée est placé à 4 mètres au-dessus des plus hautes mers, et là commence la tour creuse ayant 3^m,50 de diamètre intérieur, divisée en cinq étages, par des voûtes en briques, et dont les murs, formés de pierres de taille en granit, ont 1^m,50 d'épaisseur à la base et 0^m,77 au sommet. La porte s'ouvre au nord, dans l'axe de la grande jetée, et les cinq fenêtres éclairant chaque étage sont placées au sud.

La tour est couronnée par une forte corniche surmontée d'une balustrade, toutes les deux en granit, et au centre de la plate-forme s'élève la tourelle, aussi en granit, de 2 mètres de hauteur et de 2^m,50 de diamètre intérieur, qui porte la lanterne.

L'appareil catadioptrique a 1 mètre de diamètre intérieur et donne un feu blanc varié par des éclats rouges, de trois minutes en trois minutes.

Le parement intérieur du phare a été laissé apparent dans les deux premiers étages à partir du bas, c'est-à-dire dans le vestibule et dans la cuisine. Les trois étages situés au-dessus sont lambrissés en menuiserie de chêne ciré, avec ferrures en cuivre ou en bronze, et la chambre de la lanterne est dallée et parementée en marbre.

On communique du vestibule à la cuisine par un escalier en pierre, et de la cuisine aux étages supérieurs par des escaliers en fonte. La séparation des chambres est établie par des tambours en menuiserie de chêne ciré semblable à celle des lambris.

Les fenêtres regardent le sud ; on a dû prendre des précautions spéciales contre l'action de la lame, ce qui a conduit à placer dans le vestibule et la cuisine des châssis en bronze, et à substituer, pour toutes les fenêtres, des glaces de 9 millimètres d'épaisseur aux verres doubles dont on se sert habituellement.

Au lieu de la simple citerne qu'on établit ordinairement dans le soubassement, au-dessous du dallage du vestibule, pour contenir l'eau destinée aux gardiens, on a fait, au phare des Barges, une cave de $3^m,20$ de diamètre intérieur, descendant à $2^m,70$ au-dessous du dallage du vestibule, et qui communique avec celui-ci par un escalier en pierre de $0^m,60$ de largeur et une ouverture circulaire de $0^m,65$ de diamètre, réservée dans la clef de la voûte, et fermée au moyen d'un couvercle en fonte. Dans cette cave on a placé trois caisses à eau en tôle cylindrique de $0^m,60$ de diamètre, contenant chacune 400 litres d'eau ; sous l'escalier on a fait une soute à charbon, fermée par une porte en tôle galvanisée, et où l'on peut verser le charbon par un trou réservé dans le dallage du vestibule. Il reste encore, malgré cela, dans la cave, de la place qu'on utilise pour le dépôt de divers objets qui seraient une cause d'encombrement et de malpropreté dans le vestibule ou dans les chambres.

Dépenses. — Les travaux à l'entreprise n'ont comporté que la fourniture des matériaux nécessaires à la construction du phare et leur préparation sur les quais du port des Sables-d'Olonne.

Le transport et l'emploi des matériaux a eu lieu en régie, ainsi que l'acquisition des ciments.

La dépense, constatée au 31 décembre 1861,
est de. . . . . 445.000 fr.

Il reste encore à faire dans l'intérieur quelques aménagements accessoires dont la dépense ne dépassera pas. 5.000

Ce qui portera en définitive à. . . . . . . 450.000 fr.
la dépense totale faite ou à faire pour l'entier achèvement de
cet important ouvrage.

La dépense autorisée était de. 477.317ᶠ,45
elle ne s'élève qu'à. . . . . 450.000 , »

L'économie de. 27.317ᶠ,45
a été réalisée malgré des difficultés tout à fait exceptionnelles et dont la présente note ne peut donner qu'une idée
fort incomplète.

Les travaux du phare des Barges ont été exécutés sous la
direction de M. Forestier, ingénieur en chef des ponts et
chaussées. Commencés par M. Legros, aujourd'hui ingénieur
en chef du port de Boulogne, ils ont été continués depuis
1858, et menés à terme, par M. Marin, ingénieur des ponts
et chaussées.

M. Jacquet, conducteur des ponts et chaussées, aujour-
d'hui chargé des travaux du phare en construction sur le
cap Spartel, au Maroc, a prêté aux ingénieurs un concours
dévoué.

Les ingénieurs ont trouvé, d'ailleurs, le même dévoue-
ment dans les ouvriers et marins qui ont travaillé sous leurs
ordres.

L'entrepreneur a été M. Chaigneau, des Sables-d'Olonne.

II

PHARE DE LA NOUVELLE-CALÉDONIE.

—

MINISTÈRE DE LA MARINE ET DES COLONIES.

———

Un dessin à l'échelle de 0,04.
N° 1251 (32) du catalogue français.

———

Emplacement. — Les atterrages de Port de France, de la Nouvelle-Calédonie, doivent être signalés par un phare de premier ordre à feu fixe, dont le foyer dominera de 50 mètres environ le niveau des plus hautes mers. Ce phare sera établi sur la plage, près de l'entrée du port, ou sur l'un des îlots voisins.

Matériaux de construction. — La colonie est trop dépourvue de ressources pour qu'on ait pu songer à élever cette construction en maçonnerie, et il a été décidé qu'on donnerait la préférence à la fonte ou au fer.

La fonte a l'avantage de ne pas s'oxyder aussi rapidement que le fer et d'être moins coûteuse à poids égal, mais elle présente des inconvénients qui l'ont fait repousser, sauf pour quelques détails de construction. Elle exige plus d'épaisseur que le fer forgé ou laminé; elle ne peut être employée que par grandes masses; ses assemblages sont moins assurés et moins efficaces que ceux du fer ; enfin, elle est très-fragile, et il suffirait qu'une seule pièce fût brisée, pendant le transport ou dans le montage, pour arrêter fort longtemps la marche des travaux.

On s'est décidé, en conséquence, en faveur du fer laminé.

La plupart des constructions de ce genre exécutées jusqu'à ce jour consistent en une colonne, qui est simplement formée de feuilles de tôle plus ou moins épaisses, réunies par des rivets. Mais si elle se recommande par sa simplicité, cette disposition présente le double inconvénient de faire reposer la solidité de l'édifice sur une enveloppe qui, fort exposée à l'oxydation, ne peut avoir qu'une durée limitée, surtout si l'entretien est négligé, et d'exiger la pose de rivets et l'installation d'échafaudages, opérations d'une exécution difficile dans une colonie comme celle dont il s'agit.

Ces considérations ont conduit le rédacteur du projet à se poser les conditions suivantes :

1° Rendre l'ossature de l'édifice indépendante de l'enveloppe extérieure, la mettre à l'abri des atteintes des embruns de mer, réduire autant que possible l'étendue des surfaces qui pourraient retenir l'humidité, et faciliter le renouvellement des parties de l'enveloppe, quand cette mesure deviendra nécessaire ;

2° Disposer la construction de telle sorte qu'elle puisse s'installer sans échafaudages montant de fond, et sans qu'il soit nécessaire de poser un seul rivet sur place.

On s'est attaché, en outre, à ne pas admettre des pièces de dimensions ou de poids tels que leur embarquement, leur débarquement ou leur montage puissent présenter de sérieuses difficultés.

Description. — Ainsi que le montrent les dessins, la construction consiste essentiellement en seize montants en fer, lesquels sont composés chacun de quatorze panneaux sur leur hauteur. Chaque panneau est formé de fers à simple T, assemblés et rivés de remanié à être parfaitement solidaires, et à ne pas se déformer sous les actions qu'il est donné de prévoir. Ces panneaux se boulonneront les uns sur les autres lors du montage, et seront maintenus dans leur position par des entretoises horizontales, également boulonnées, appliquées contre l'une et l'autre face. Les feuilles de tôle qui constituent l'enveloppe ont leurs joints couverts par des platesbandes en fer, et sont boulonnées tant sur les entretoises extérieures que sur les côtés extérieurs des panneaux.

On se réserve de remplacer ultérieurement tous les boulons par des rivets, ou plutôt de les convertir en rivets.

Chaque montant repose, à son pied, sur un grand patin en fonte qui sera noyé dans un massif de béton, et il y est maintenu par 20 boulons.

A son sommet, il porte une console en fonte qui soutient en encorbellement la plate-forme nécessaire au service extérieur de la lanterne.

Afin de donner de la rigidité à la construction et de reporter la pression sur une assez grande surface pour n'avoir pas de tassement à redouter, la tour a reçu un talus prononcé et présente à sa base un large évasement.

On a profité de cette disposition pour établir, au pied de l'édifice, deux rangs superposés de logements et de magasins. On trouve six chambres, outre le vestibule, au rez-de-chaussée, et il y en a quatre au premier étage. Des cloisons en briques sépareront ces différentes salles, et d'autres cloisons en mêmes matériaux, établies à quelques centimètres de la partie extérieure, mettront les chambres à l'abri des brusques changements de température et des précipitations aqueuses qui, lors des refroidissements, se produiront sur les surfaces métalliques de l'intérieur de la tour.

Le sol du rez-de-chaussée sera formé par un massif de béton, qui s'élèvera à 0ᵐ,40 au-dessus du plan supérieur des patins de fondation. Les deux planchers reposeront sur les traverses supérieures du premier et du second rang de panneaux.

Il est à remarquer que les croix de Saint-André, qui consolident ces panneaux, eussent été très-gênantes pour la circulation, si on les avait adoptées pour ceux contre lesquels ne s'appuie aucune cloison. On a remédié à cet inconvénient, sans porter, d'ailleurs, préjudice à la solidité, en substituant, dans ces endroits, des écharpes angulaires aux croix de Saint-André.

L'escalier est exécuté en fonte avec limon en fer laminé. Le limon qui s'appuie contre la paroi de la cage est boulonné sur toutes les pièces de l'armature qu'il rencontre, de manière à contribuer à la solidité des diverses parties du système.

Cet escalier est terminé, à sa partie supérieure, par un palier, qui est le point de départ d'une échelle de meunier, également en fonte, laquelle donne accès dans la chambre de service, en n'y occupant qu'une surface très-restreinte. Une autre échelle semblable conduit, de là, dans la chambre de la lanterne.

L'appareil d'éclairage est un appareil lenticulaire de premier ordre, qui est disposé de manière à éclairer tout l'horizon.

Les dessins exposés représentent l'élévation principale de l'édifice, une coupe par l'axe du plan, quatre plans pris respectivement à diverses hauteurs.

Dépenses. — Les chiffres ci-après font connaître les poids des ouvrages de diverses natures, ainsi que le montant des dépenses.

74.780 kil.	de fonte ordinaire à 40 fr.	29.912^f,00
22.505 —	de fonte ouvragée (marches, portes, consoles, etc.), à 0^f,55	12.377,75
186.074 —	fers et tôles à 0^f,70	130.251,80
11.000 —	fers pour rampes à 1^f,40	15.400,00
500 —	bronze à 6^f,20	3.100,00
6.000 met.	de peinture à l'huile à deux couches à 1 fr.	6.000,00
	Somme à valoir	7,958,45
	Total	205.000^f,00

Le projet a été dressé par M. Léonce Reynaud, inspecteur général des ponts et chaussées, directeur du service des phares. Les travaux sont exécutés sous la surveillance de MM. Victorin Chevallier et Allard, ingénieurs en chef des ponts et chaussées.

L'entrepreneur est M. Bigolet.

III

APPAREIL CATADIOPTRIQUE DE TROISIÈME ORDRE.

GRAND MODÈLE.

—

MINISTÈRE DE L'AGRICULTURE, DU COMMERCE ET DES TRAVAUX PUBLICS

N° 1251 (*6*) du Catalogue français.

Description. — Cet appareil présente un nouveau caractère, auquel on peut avoir utilement recours en plusieurs circonstances, aujourd'hui surtout que les phares se multiplient au point de rendre les chances de confusion plus redoutables que jamais. *Il présente un feu fixe blanc devenant alternativement rouge ou vert toutes les 20 secondes.*

Il se compose d'une partie fixe produisant le feu blanc, et d'une partie mobile donnant les éclats colorés. Aucune éclipse ne s'interpose entre les diverses apparitions lumineuses.

La partie fixe comprend six anneaux catadioptriques inférieurs et les 3/4 environ de la lentille dioptrique, depuis le bas jusqu'au joint situé entre les éléments n° 2 et n° 3 ; elle a, comme à l'ordinaire, 1 mètre de diamètre.

La partie mobile comprend les cinq éléments supérieurs

de la lentille dioptrique et une coupole de quinze anneaux catadioptriques. Elle est divisée en dix lentilles annulaires, garnies chacune d'un verre de couleur alternativement vert et rouge. Afin d'éviter le mélange des rayons blancs, qui atténueraient la coloration des éclats, une bande de verre de même couleur, ayant une largeur correspondant à la durée de l'éclat, se trouve fixée au-dessous et dans l'axe de chaque lentille annulaire, et couvre toute la hauteur de la partie fixe. Cette plaque de verre est entraînée dans le mouvement de la coupole, et colore les rayons du feu fixe, qui s'ajoutent ainsi à ceux de la partie mobile et augmentent l'intensité de l'éclat coloré.

Le diamètre de la partie mobile de la lentille dioptrique a été porté à $1^m,05$, au lieu de 1 mètre, afin de faciliter le passage des montants devant la partie fixe, et de diminuer, autant que possible, l'intervalle angulaire perdu entre la partie fixe et la partie mobile.

Une autre innovation a été apportée dans la construction des éléments de la lentille dioptrique : les profils de ces éléments, au lieu d'avoir pour base des lignes parallèles à l'axe, sont terminés par des lignes inclinées suivant les directions des rayons réfractés, afin de diminuer le volume du verre et de perdre par le joint le moins de lumière possible.

La rotation de l'appareil se fait en $3'20''$, de manière à produire un éclat de 20 en 20 secondes. L'amplitude de la partie visible de l'éclat ne dépassera pas $4°$, de sorte que l'éclat coloré paraîtra pendant $2''$ environ et le feu fixe blanc pendant $18''$.

La division de la lentille dioptrique en deux parties, l'une fixe, l'autre mobile, a eu pour but de donner aux éclats une intensité telle que, malgré la coloration, leur portée fût à peu près la même que celle du feu fixe blanc.

La lampe placée au foyer consomme 190 grammes par heure, et son intensité équivaut à celle de cinq becs Carcel consommant 40 grammes d'huile. La partie fixe donne une intensité dans l'axe d'environ 60 becs. L'éclat réuni au feu fixe, et mesuré sans coloration, est d'environ 490 becs dans l'axe, 390 becs à 1° de chaque côté et 100 becs à 2°. En prenant le chiffre de 300 becs comme représentant l'intensité moyenne de la partie visible de l'éclat, et supposant que la coloration réduise l'intensité à grande distance dans le rapport de 1 à 0,20, l'intensité de l'éclat coloré sera $300 \times 0,20 = 60$ becs, c'est-à-dire égale à celle du feu coloré. Il est à remarquer, d'ailleurs, que ces derniers chiffres n'ont pas une valeur absolue. Les éclats verts paraîtront plus brillants que les éclats rouges à petite distance et d'autant moins, à grande distance, qu'il y aura plus de brume dans l'atmosphère. L'égalité dont il s'agit n'est qu'approximative, pour un état moyen de l'atmosphère et pour une portée de 10 milles environ.

L'armature, la machine de rotation et les lampes ont été exécutées par le constructeur M. Henry Lepaute, suivant de nouvelles dispositions imaginées par lui.

L'armature qui supporte l'appareil contient, dans le piédestal de sa base, la machine de rotation destinée à faire tourner la partie mobile. Cette machine, à laquelle on a donné la plus grande dimension possible pour en assurer la durée, est pourvue d'un système d'embrayage qui permet de faire tourner la partie mobile en avant et en arrière, sans qu'il en résulte d'inconvénient pour la machine et sans nécessiter aucune manœuvre spéciale.

La lampe à mouvement d'horlogerie a été disposée de manière à pouvoir marcher pendant quinze heures en débitant la quantité d'huile voulue, quoiqu'elle soit mise en mouvement par un poids assez faible dont la course est très-limitée. Ce résultat est dû à la bonne exécution du mécanisme d'horlogerie, qui est à la fois simple et solide.

Cet appareil a été exécuté, sous la direction de MM. Léonce Reynaud, inspecteur général des ponts et chaussées, directeur des phares, et Émile Allard, ingénieur en chef des ponts et chaussées, par M. Henry Lepaute, constructeur de phares à Paris.

IV

APPAREIL CATADIOPTRIQUE DE QUATRIÈME ORDRE.

PETIT MODÈLE.

—

MINISTÈRE DE L'AGRICULTURE, DU COMMERCE ET DES TRAVAUX PUBLICS.

———

Nº 1251 (7) du Catalogue français.

———

Description. — Cet appareil est destiné à un phare actuellement en construction près de la pointe de la Ville-ès-Martin, à l'entrée de la Loire. *Il présente un feu rouge à éclats de 3o en 3o secondes.*

Sa partie optique se compose de six lentilles annulaires, constituant un tambour polygonal, lesquelles sont formées chacune d'une lentille centrale, de trois anneaux dioptriques et de trois anneaux catadioptriques. Au-dessus de ce tambour s'élève une coupole de six anneaux catadioptriques horizontaux.

Le tambour produit des éclats qui se succèdent de 3o en 3o secondes; la couronne détermine un feu fixe qui éclaire tout l'horizon. L'appareil est illuminé par une lampe à deux mèches avec cheminée rouge. Le feu peut donc être défini en ces termes : feu fixe rouge varié par des éclats de 3o en 3o secondes, sans éclipses interposées.

Des mesures photométriques ont établi, comme il suit, l'intensité du feu fixe ainsi que l'intensité et l'amplitude des éclats, lorsque la lampe est munie d'une cheminée blanche :

Intensité du feu fixe.		10 becs Carcel.	—
Intensité des éclats	dans l'axe.	400	—
	— à 2°.	350	—
	— à 4°.	90	—
	— à 4° 1/2	10	—

La lampe consomme environ 175 grammes d'huile par heure, et son intensité équivaut à celle de cinq lampes Carcel consommant chacune 40 grammes.

Ces mesures sont données dans l'hypothèse d'un feu blanc, afin qu'on puisse établir une comparaison équitable entre cet appareil et d'autres de mêmes dimensions. On sait que l'éclat comparatif d'un feu coloré dépend beaucoup de l'intensité de la couleur, laquelle n'est pas susceptible de définition précise, et aussi de la distance à laquelle il est observé.

Quelques explications paraissent nécessaires pour faire apprécier les innovations que présente cet appareil.

Les joints des différents anneaux dont se compose chaque lentille dioptrique, sont parallèles à la direction des rayons dans l'intérieur du verre, d'où résulte une certaine économie de lumière.

Chacun des anneaux de la coupole est d'un seul morceau, ce qui a permis de réduire à 0ᵐ,004 l'épaisseur des crémaillères qui les supportent.

Ces crémaillères sont placées, d'ailleurs, dans l'axe des lentilles annulaires, de sorte que l'occultation partielle qu'elles produisent coïncide avec le maximum de l'éclat, et ne présente aucun inconvénient appréciable.

L'appareil est porté sur une colonne creuse, au centre de laquelle se trouve un arbre vertical en fer. L'extrémité de cet arbre reçoit une bague et une crapaudine en bronze.

L'appareil est assemblé sur un plateau en fonte à circonférence dentée, et repose sur cette crapaudine par l'intermédiaire d'un pivot en acier.

Il est, en outre, maintenu dans sa position verticale par une bague en bronze frottant contre l'arbre dont la tête porte la crapaudine, et relié au plateau par un cône en fonte.

Cette bague est en trois parties que des vis permettent de régler, afin de centrer le plateau, et de supprimer, au besoin, le jeu qui pourrait résulter de l'usure.

Dans l'intérieur de la colonne, se trouve une rigole en fonte tournée qui reçoit l'excédant d'huile venant de la lampe et qui se rend de là, par un tube en cuivre, dans un réservoir placé sous la table de service.

Des ouvertures pratiquées dans le chapiteau de la colonne permettent de visiter et de nettoyer cette rigole.

Le plateau tournant sur lequel repose l'appareil est soulevé très-aisément au moyen de verrins, et alors le pivot et la crapaudine peuvent être déplacés, visités et replacés, avec la plus grande facilité.

Le phare est éclairé par une lampe à niveau constant dont le réservoir repose sur la coupole. L'huile se rend au bec par un tube disposé de manière à ne point intercepter la lumière. Son débit est réglé par un bouchon conique à vis.

Pour enlever la lampe, il suffit de défaire le raccord qui la réunit au tuyau de descente de l'huile, après avoir fermé le robinet.

Pour faciliter le service de l'appareil, on a placé sous la table de service un marchepied mobile en fonte. Monté sur ce marchepied, le gardien peut aisément nettoyer les prismes supérieurs et verser l'huile dans le réservoir. Ce marchepied est ajusté à coulisse avec la table sous laquelle on le rentre lorsqu'on ne s'en sert plus, de manière qu'il n'encombre pas la chambre de service.

L'idée d'exécuter les anneaux catadioptriques d'un seul morceau et de placer les crémaillères dans l'axe des panneaux appartient à M. Sautter. Toute la partie mécanique de l'appareil est également de l'invention de ce constructeur.

Cet appareil a été exécuté, sous la direction de MM. Léonce Reynaud, inspecteur général des ponts et chaussées, directeur des phares, et Émile Allard, ingénieur en chef des ponts et chaussées, par MM. L. Sautter et compagnie, constructeurs de phares, à Paris.

SEPTIÈME SECTION.

CHEMINS DE FER.

I

PONT SUR LE RHIN, A KEHL.

—

COMPAGNIE DES CHEMINS DE FER DE L'EST.

Un modèle du caisson de fondation à l'échelle de 0,1.
Un modèle d'une pile en cours d'exécution, à l'échelle de 0,01.
Un modèle d'une pile terminée, à l'échelle de 0,01.
Un dessin de l'élévation générale.
N° 1251 (33) du Catalogue français.

Historique. — Par traité, en date du 2 juillet 1857, qui fut ratifié à Carlsruhe le 21, et sanctionné définitivement par décret impérial du 24 du même mois, l'empereur des Français et le grand duc de Bade, voulant étendre les relations entre la France et l'Allemagne et donner aux transports internationaux des chemins de fer respectifs tout le développement qu'ils devaient comporter, décidèrent qu'il y avait lieu de

procéder immédiatement à la construction d'un pont sur le
Rhin, à Kehl, et qu'une commission mixte spéciale, formée
des délégués des deux États, se réunirait à Strasbourg dans
le plus bref délai possible, pour fixer et déterminer, sous
réserve de la sanction des gouvernements respectifs, les conditions d'établissement dudit pont.

Cette commission fut composée peu de temps après :

Du côté de la France, de MM. Mary, inspecteur général
des ponts et chaussées; Guerre, ingénieur en chef des ponts
et chaussées, et Foy, lieutenant-colonel du génie;

Et, du côté du grand duché de Bade, de MM. François
Keller, conseiller supérieur des ponts et chaussées; Gevré
Sexaner, conseiller à la direction des chemins de fer, et
César Hensel, major d'artillerie.

La commission formula son avis dans le mois de septembre suivant, et une convention formelle, basée sur le
résultat de ses travaux, fut conclue le 16 novembre de la
même année.

Les ratifications de cet acte eurent lieu à Carlsruhe, le
15 juin 1858, et les conditions y énoncées furent sanction-
nées, définitivement, par un décret du 19 dudit mois de
juin.

Aux termes de l'article 5 de la convention du 16 novembre 1857, les projets d'exécution et de détails du pont sur
le Rhin, devaient être concertés entre les ingénieurs français et badois, et soumis à l'approbation de leurs gouvernements respectifs.

Une convention, préparée dès le 2 juin entre les délégués des deux administrations, a été approuvée définitivement, en 1858, par l'administration supérieure badoise, et
par le conseil d'administration de la compagnie des chemins de fer de l'Est.

D'après l'article 1er de cette convention, la compagnie concessionnaire des chemins de fer de l'Est était chargée de l'exécution des piles et des culées, et à l'administration des ponts et chaussées du grand-duché de Bade était dévolue l'exécution de toute la superstructure en fer des deux ponts tournants, ainsi que celle de la partie fixe.

Le projet des travaux attribués à la compagnie française fut approuvé, le 7 septembre 1858, par S. Exc. le ministre de l'agriculture, du commerce et des travaux publics.

Dans le courant de cette année, les travaux du pont de service, les vannages entourant la pile française et les plates formes la recouvrant, furent commencés. Les caissons de fondations, avec toutes leurs dépendances, furent mis en chantier, des machines soufflantes pour comprimer l'air dans les caissons furent installées sur des bateaux; des appareils de dragage et des grues roulantes furent montées plus tard sur la plate forme à ce destinée, et, dès les premiers jours du mois de février 1859, toutes les dispositions étaient prises pour exécuter les travaux de fondation de la pile-culée de la rive française.

Le fonçage des caissons de cette pile-culée, commencé le 22 mars 1859, fut terminé le 28 mai suivant.

La même opération, commencée le 16 octobre pour la pile intermédiaire de la rive française, fut terminée le 16 novembre; enfin cette opération fut exécutée du 26 novembre au 24 décembre suivant pour la pile intermédiaire de la rive badoise.

Les maçonneries en élévation des piles-culées et des piles intermédiaires furent commencées, pour chacune d'elles, au fur et à mesure de l'achèvement de leur fondation, et elles furent complétées ensuite successivement.

Les fondations et les maçonneries en élévation des culées

et de leurs dépendances furent attaquées aussi successivement.

Ces travaux étaient assez avancés, en août 1860, pour que
l'administration des ponts et chaussées du grand duché de
Bade pût donner l'ordre au gérant de l'usine de Graffensta-
den (Bas-Rhin) de procéder à la mise en place des ponts tournants et à l'établissement des fermes et tabliers métalliques
des trois grandes travées intermédiaires.

Les fermes et tabliers métalliques furent mis en place du
8 au 22 septembre 1860 ; leur complet achèvement ne s'o-
péra que successivement ensuite. Il en fut de même des
deux ponts tournants, qui n'étaient pas complétement terminés lorsqu'ils furent placés sur leurs pivots et leurs
galets.

Les travaux complémentaires ont été exécutés avec une
très-grande activité pendant l'hiver, malgré toutes les in-
tempéries de la mauvaise saison, et l'inauguration de l'em-
branchement de Strasbourg à Kehl et du pont sur le Rhin a
eu lieu le 11 avril 1861.

Dispositions principales du pont. — Les bases principales
des projets avaient été déterminées par le traité intervenu
entre les gouvernements français et badois. Les projets définitifs d'ensemble et de détails arrêtés par les ingénieurs des
administrations française et badoise, le 12 août 1858, furent
dressés d'après ces bases générales, à l'exception des fondations des quatre piles en rivière, pour l'exécution desquelles
il fut proposé et admis un système particulier.

Après une discussion approfondie de la question, MM. les
ingénieurs en chef Vuigner et Keller, et M. l'ingénieur principal Fleur-Saint-Denis adoptèrent définitivement l'emploi
de l'air comprimé, et proposèrent un mode de fondation
consistant, pour les piles intermédiaires, dans l'enfonce-

ment simultané de trois caissons en tôle juxtaposés, et de quatre caissons pour les piles extrêmes.

Fondations de la pile-culée de la rive française. — Caissons en fer. — Il a été employé, comme on vient de le dire, pour les fondations des piles culées, quatre caissons en tôle, ouverts par le bas, juxtaposés et disposés de telle sorte que leur enfoncement pût avoir lieu simultanément et le plus régulièrement possible.

Chacun de ces caissons a une longueur de $5^m,8o$, sur une largeur de 7 mètres et une hauteur de $5^m,67$, et ils forment ensemble, avec le jeu nécessaire pour l'emplacement des rivets, une surface de $23^m,5o$ sur 7 mètres.

Les maçonneries, en élévation, ne devant avoir que 21 mètres sur $4^m,5o$, il résultait de ces dispositions un empâtement de $1^m,25$ au pourtour.

Chaque caisson est formé de feuilles en tôle de $0^m,9o$ de largeur au maximum et de $0^m,oo8$ d'épaisseur, fortement assemblées les unes aux autres et renforcées par des contre-forts verticaux, des ceintures horizontales et de doubles cornières aux angles.

La calotte est soutenue, en outre, par des poutres principales, dans le sens de la plus petite dimension du caisson, et par d'autres poutres perpendiculaires aux premières, formant un châssis dans lequel sont ménagés l'emplacement des deux cheminées avec sas à air, et celui de la grande cheminée de service de forme circulaire.

La tôle des âmes des poutres et des contre-forts verticaux a $0^m,o1o$ d'épaisseur.

Quatre pièces principales en bois de chêne, normales aux quatre faces de chaque caisson, et embrassant la base de la grande cheminée de service, étaient placées au niveau de la première ceinture horizontale supérieure, et recevaient

un plancher volant sur lequel se tenaient les ouvriers. Ces
pièces de bois servaient aussi à empêcher la flexion de la
partie inférieure des faces du caisson.

Le poids de chacun des caissons peut être évalué à
37.500 kilogrammes.

Ces caissons avaient à supporter la pression de l'eau extérieure, la pression des graviers sur les faces latérales, et,
sur la calotte supérieure, le poids des maçonneries, qui se
répartissait aussi sur les parois verticales.

Il eût été bien difficile de déterminer, par le calcul, les
dimensions principales des diverses parties des caissons; ce
qu'on peut dire, c'est qu'ils ont parfaitement résisté aux
efforts qu'il ont eu à supporter, mais qu'il n'eût pas été
prudent de les construire moins fortement qu'ils ne l'ont été.

Les quatre caissons avaient été montés sur un plancher
provisoire établi au niveau de la plate-forme inférieure des
échafaudages, de telle sorte que chaque caisson fût exactement au-dessus de l'emplacement qu'il devait occuper.

Pour pouvoir descendre les caissons dans le lit du fleuve,
on a fixé à chacun des quatre angles une paire de verrins,
pouvant porter chacun 15.000 kilogrammes, ayant leur
point d'appui sur des pièces de charpente disposées à cet
effet sur la plate-forme supérieure de l'échafaudage.

Cheminée à air et cheminée de service. — Chacun des
caissons était garni de deux cheminées avec sas à air, et
d'une grande cheminée centrale de forme circulaire.

La grande cheminée de service, de $1^m,50$ de diamètre,
était placée au centre du caisson; elle descendait à $0^m,50$
en contre-bas de sa bande inférieure, en s'évasant de telle
sorte que son diamètre, à la base, était porté à $1^m,60$; elle
était disposée pour faire corps avec le caisson jusqu'à $0^m,60$
en contre-haut de sa calotte supérieure.

Les cheminées à air étaient placées dans le sens de la plus grande dimension des caissons, de chaque côté de la cheminée centrale; leur axe se trouvait à 2 mètres de celui de cette cheminée, leur diamètre était de 1 mètre hors œuvre; elles ne descendaient qu'à $0^m,30$ en contre-bas du plafond des caissons, et leur base était disposée pour faire corps avec les caissons, jusqu'à $0^m,60$ au-dessus de ce plafond. Au-dessus, elles étaient formées avec des viroles de 2 mètres de longueur, qu'on superposait les unes aux autres, au fur et à mesure de l'enfoncement des caissons, comme pour la cheminée centrale.

Chacune de ces cheminées était surmontée d'une chambre ou sas à air, d'une hauteur totale de $4^m,10$, dont $3^m,30$ avec un diamètre de 2 mètres hors œuvre et $0^m,80$ formant une partie conique, pour pouvoir être raccordée avec les viroles; les sas avaient été construits avec des tôles de $0^m,012$ d'épaisseur, et ils pesaient chacun 6.000 kilogrammes environ.

La chambre à air, proprement dite, n'avait qu'une hauteur de 3 mètres entre son plafond et son plancher, qui étaient garnis chacun d'un trou d'homme de $0^m,65$ de diamètre, placé, celui du plafond, sur le côté, et celui du plancher inférieur au milieu de la cheminée.

Ces trous d'homme étaient garnis de clapets, qui étaient alternativement ouverts et fermés, comme la porte d'une écluse.

Chaque chambre à air, enfin, était garnie de prises d'air et des télégraphes nécessaires pour assurer le service.

Les cheminées latérales étaient composées de viroles de 2 mètres de longueur, assemblées intérieurement par des boulons, et formant des joints étanches à l'air. Un clapet était placé à leur partie supérieure, afin d'enlever les écluses

sans que l'air comprimé pût avoir une issue, et, en conséquence, sans déterminer d'interruption dans l'exécution des
travaux.

A la partie inférieure des cheminées latérales se trouvait
un autre clapet de sûreté, qui n'était manœuvré que lors
des changements des chambres à air, d'une cheminée à
l'autre.

L'écluse à air d'une cheminée était enlevée chaque fois
que les caissons étaient descendus de 4 mètres; on la re-
portait alors sur l'autre cheminée, préalablement allongée
de deux viroles, et ainsi de suite successivement.

Au fur et à mesure de l'enfoncement des caissons, les
cheminées latérales, comme les cheminées centrales, étaient
entourées de maçonnerie, mais il n'y avait pas contact entre
les maçonneries et les tôles; ces dispositions ont permis de
retirer toutes les viroles après le fonçage, et de les faire
servir successivement pour la fondation de toutes les piles.

Coffrage en bois au dessus des caissons. — D'après les
projets approuvés, les caissons en tôle devaient être surmontés de coffrages en bois au fur et à mesure de léur enfoncement.

Ces caissons en bois n'ayant été employés qu'à la pile-
culée de la rive française, il n'y a aucune utilité à en faire la
description.

Appareils de dragage. — Les déblais faits étaient enlevés par des norias, dans les godets desquelles les ouvriers
n'avaient qu'à pousser ces déblais, et qui faisaient en même
temps l'office de machines à draguer.

Ces norias ou dragues verticales étaient montées, avec
leur transmission de mouvement, sur un bâti en charpente
placé dans l'axe des caissons en fer, élevé de $2^m,20$ au-
dessus de la plate-forme supérieure, et porté sur de fortes

pièces de bois, avec lesquelles les pièces horizontales inférieures du châssis étaient boulonnées.

Deux machines à vapeur de la force de dix chevaux servaient chacune à faire mouvoir deux norias.

Pile-culée de la rive badoise. — La pile-culée de la rive
badoise devant être exactement semblable à la pile-culée
de la rive française, des dispositions avaient été prises à l'a-
vance pour l'établissement de quatre caissons de mêmes
forme et dimensions que les quatre premiers.

Toutefois, comme les tôles avaient fléchi dans quelques
points des premiers caissons, on ajouta une cornière dans
le bas et l'on superposa dans les angles une feuille de tôle
de même épaisseur que celles composant les caissons. De
plus, on commença des briquetages dans l'intérieur des
caissons, en même temps que l'opération du fonçage.

D'autres modifications furent encore introduites dans la
pose des caissons; l'expérience avait appris qu'on pouvait
relier entre eux des caissons juxtaposés. Cette disposition
fut adoptée et appliquée à toutes les piles qui restaient à
construire.

En outre, il fut arrêté que les coffrages en bois seraient
complétement supprimés, et qu'on se bornerait à construire
le massif de maçonnerie au-dessus des caissons, sans autre
précaution que de faire un parement en libages, ou en moellons smillés de grès des Vosges.

Les cheminées d'air avaient parfaitement fonctionné pour
l'exécution des fondations de la première pile-culée, et, en
conséquence, il n'y avait pas lieu de modifier leurs dispositions d'ensemble et de détails.

Il n'en était pas de même des grandes cheminées de service. Les godets et les chaînes des norias s'étaient accro-
chés souvent dans ces cheminées, malgré toutes les précau-

tions qui avaient été prises pour obvier à cet inconvénient ;
les chaînes avaient même été brisées, et il en était résulté
des interruptions de travail assez fréquentes.

Il devait suffire, pour prévenir le retour de ces accidents,
de donner à la cheminée la forme d'une ellipse, dont le
grand axe serait dans une direction normale à l'axe du
fleuve, et d'en supprimer les tôles.

Il avait été question d'abord de laisser tout simplement
le puits de béton de ciment, dont les parois s'étaient maintenues parfaitement verticales, mais, dans l'exécution, ces
parois furent revêtues de briques posées de champ et
hourdées en ciment romain.

Piles intermédiaires. — L'emploi de trois caissons au lieu
de quatre a été la seule différence importante entre le mode
d'exécution des piles intermédiaires et de la pile-culée.

Détails comparatifs sur les opérations de fonçage. — Les
premières dispositions nécessaires pour le fonçage des caissons de la pile-culée de la rive française avaient été prises
dans les derniers jours du mois de février 1859 ; cette
opération a été terminée, pour la quatrième et dernière pile,
à la fin du mois de décembre de la même année. Les fondations proprement dites des piles-culées et des deux piles
intermédiaires ont donc été exécutées dans l'espace de dix
mois.

Le tableau suivant donne l'indication résumée de quelques détails relatifs au résultat du fonçage des caissons
pour chacune des piles. Ces renseignements permettront
d'apprécier le mérite des modifications qui ont été apportées successivement en cours d'exécution.

DÉSIGNATION des piles.	INDICATION de la durée de l'opération.	NOMBRE de journées			Nombre d'heures de travail par jour.	ENFONCEMENT des caissons	
		total.	de chômage.	de travail effectif.		par heure de travail.	par journée.
						m.	m.
Pile-culée de la rive française.	22 mars au 28 mai	68 journées et 2 nuits	19	55	16	0,0209	0,334
Pile-culée de la rive badoise.	9 août au 18 sept.	38 journées	5	31	11	0,0470	0,517
Pile intermédiaire de la rive française.	16 oct. au 16 nov.	31 journées	6	25	10,56	0,0760	3,852
Pile intermédiaire de la rive badoise.	28 nov. au 24 déc.	28 journées	4	24	11,08	0,0750	0,825

Il est facile de juger, par ce tableau, combien sont considérables les différences du travail opéré, par heure et par jour, entre les fondations de la pile-culée de la rive française et celles des autres piles. L'amélioration a toujours été en augmentant d'une pile à l'autre, et l'on est arrivé enfin à réaliser à peu près, pour la dernière pile, les prévisions énoncées dans le rapport à l'appui du projet; c'est-à-dire que le fonçage des caissons pouvait avoir lieu dans un délai de vingt journées de travail effectif pour chacune des piles.

Ce résultat n'a été obtenu qu'au moyen des dispositions suivies en dernier lieu et qui peuvent se résumer comme il suit :

Réunion des caissons ;

Suppression des coffrages en bois et exécution complète d'un seul massif de fondation au-dessus du plafond des caissons ;

Maintien de la cheminée d'eau au centre de chaque caisson, en lui donnant la forme d'une ellipse, et exécution de cette cheminée avec parois en briques de champ, bourdées en ciment romain ;

Parementage, dans le même système, des parois des maçonneries contre les tôles des cheminées d'air.

Exécution, dans le plus bref délai possible, des maçonneries en forme de voûte, pour remplir les compartiments entre les contre-forts des parois et du plafond, dans l'intérieur des caissons ;

Établissement, à chacun des angles de chaque caisson, d'une paire de verrins destinés à les faire descendre dans le lit du fleuve, à leur emplacement définitif, et servant ensuite à les guider pour les maintenir dans leur position normale, au fur et à mesure de leur enfoncement dans le gravier ; enfin établissement, dans chacune des chambres d'eau, de norias mises en mouvement par une machine à vapeur.

Dépenses. — Les dépenses de cette importante construction se sont élevées à la somme de 7 millions de francs, dont 5.250.000 fr. sont afférents aux travaux de fondation, et 1.750.000 fr. au pont fixe et au pont mobile en tôle composant la superstructure.

Les travaux de fondation ont été exécutés sous la direction des ingénieurs déjà nommés, MM. Vuigner, ingénieur en chef de la compagnie, et Fleur-Saint-Denis, ingénieur des ponts et chaussées, ingénieur principal de la compagnie, qui ont eu pour collaborateur M. de Sappel, ingénieur des ponts et chaussées.

M. Keller, ingénieur en chef des ponts et chaussées, et le baron de Kageneck, ingénieur ordinaire des ponts et chaussées dans le grand-duché de Bade, ont été plus particulièrement chargés des travaux de la superstructure, qui avaient été mis à la charge de l'administration badoise.

L'exécution à frais communs du pont sur le Rhin, à Kehl, par l'administration des ponts et chaussées du grand-duché

et par la compagnie des chemins de fer de l'Est, et le
concours des ingénieurs ci-dessus indiqués des deux administrations pour la rédaction des projets et l'exécution des
travaux de cet ouvrage d'art important, ont déterminé l'administration des ponts et chaussées du grand-duché à de-
mander qu'il soit gravé sur la face regardant la France de
la pile-culée de la rive gauche, et sur la face regardant le
grand-duché de Bade de la pile-culée de la rive droite, les
inscriptions suivantes :

Du côté du Grand-duché.

Im Jahr MDCCCLX wurde der eiserne oberbau dieser brückeunter der regierung
S' Konigl. Hoheit des Grossherzogs FRIEDERICH von BADEN,
Während der wer waltungs' Exc. des staats ministers von Meysenbug ausgefürt
Durchdieghrosh oberdirect' des wasser und strassenbaues :
Baer, director; Keller oberbaurath ;
Und die gr. u. st. bauinsp' offenburg : Führenbach, obering' ;
von Kageneck, ing'.

Du côté de la France.

L'an MDCCCLIX, sous le règne de S. M. NAPOLÉON III, Empereur des Français,
S. Exc. M. Rouher étant Ministre des travaux publics,
M. Migneret, Préfet du Bas-Rhin ;
Les piles ont été exécutées par la Compagnie des chemins de fer de l'Est.
M. le comte de Stern, Président du conseil d'administration,
MM. Baignères, Baude, duc de Galliera, Georges, Perdonnet, Roux,
Administrateurs-membres du comité de direction,
Vaigner, ingén' en chef; Fleur-S'-Denis, ingén' principal ; de Sapel, ingén' ordin.;
Defrance, Joyant, chefs de section; Maréchal, inspecteur du matériel.

II

PONT MÉTALLIQUE DE BORDEAUX.

CONSTRUIT SUR LA GARONNE POUR LE RACCORDEMENT
DES CHEMINS DE FER D'ORLÉANS ET DU MIDI.

—

COMPAGNIES DES CHEMINS DE FER D'ORLÉANS ET DU MIDI.

Un modèle à l'échelle de 0,05.
Deux dessins.
N° 1251 (36) du catalogue français.

Disposition générale. — Ce pont a 5oo mètres de long entre les culées; il est suivi d'un viaduc de 155 mètres destiné à franchir les cales et les quais du port de Bordeaux.

Le nombre des travées est de sept, dont les deux extrêmes ont 57^m,36 de portée, et les cinq autres 77^m,5o d'axe en axe des piles.

Le pont proprement dit est en tôle; il est formé de deux poutres à croisillons de 6^m,35 de hauteur, reliées haut et bas par des pièces de pont, et contreventées par des croix de Saint-André, de manière à assurer la rigidité du cadre; enfin les pièces de pont, espacées les unes des autres de

3^m,57, sont reliées elles-mêmes par des longerons qui supportent le plancher et les rails.

Toute la superstructure métallique est composée de pièces à jour, qui laissent circuler librement l'air et la lumière; elle repose sur six piles et deux culées.

Chaque pile est composée de deux tubes en fonte, espacés d'axe en axe de 8 mètres et remplis de béton. Chacun de ces tubes est formé de 28 anneaux ayant environ 1^m,05 de hauteur, 3^m,60 de diamètre, et 0^m,04 d'épaisseur de fonte.

Les culées sont en maçonnerie et fondées, l'une, celle du côté de Bordeaux, sur caisson foncé, échoué sur des pieux battus au refus; l'autre, sur pieux et grillages.

Fondations. — Commencé le 15 septembre 1858, ce pont a été livré au service public le 15 août 1860.

La profondeur de l'eau, variant de 7 à 15 mètres, la vitesse du courant, qui est de 2 à 3 mètres par seconde, enfin l'existence des marées, qui amènent deux fois par jour des crues de 6 mètres, constituaient des difficultés exceptionnelles qui ont fait choisir les piles tubulaires pour supports intermédiaires.

L'enfoncement des tubes dans le sol s'est fait au moyen de l'air comprimé, en appliquant le système imaginé par M. Triger.

Les principaux perfectionnements introduits au pont de Bordeaux, dans l'emploi de ce système, sont les suivants :

1° La colonne elle-même forme le sas à air, que l'on change ainsi facilement de place au fur et à mesure de l'enfoncement, puisqu'il suffit de démonter les plateaux qui forment les portes d'entrée et de sortie, et de les remonter plus haut, en les boulonnant aux anneaux qui portent des brides intérieures.

2° Des presses hydrauliques servent à appliquer le contre-poids sur le tube, et permettent ainsi de faire pénétrer les colonnes dans le sol, en agissant avec une force qui a souvent dépassé 200 tonnes.

3° Enfin, le montage des déblais se fait au moyen d'une transmission à vapeur. Cet appareil présentait la difficulté de transmettre une force produite à l'air libre, à un mécanisme placé dans l'air comprimé. Elle se compose, à cet effet, d'un arbre traversant la paroi du tube, par l'intermédiaire d'une boîte à étoupe, et commandé directement par une locomobile dont la courroie est allongée ou raccourcie suivant la descente; sur la partie intérieure de cet arbre, sont placés deux tambours qui commandent deux treuils ordinaires. Le désembrayage se fait par une poulie folle.

Cette disposition fort simple a permis d'enfoncer un tube de 2^m,65 dans les vingt-quatre heures.

L'enfoncement des douze tubes qui composent les piles intermédiaires a été commencé le 19 avril 1859 et terminé le 8 mai 1860, c'est-à-dire en moins de treize mois. Le fonçage du premier tube a duré cinquante-deux jours, et celui du dernier neuf jours seulement; la rapidité ainsi obtenue dans l'exécution est due aux perfectionnements qui ont été indiqués ci-dessus et, surtout, à l'établissement de la transmission à vapeur.

Le tableau suivant résume d'ailleurs les circonstances principales de l'enfoncement de chacune des colonnes.

DÉSIGNATION des tubes.		Commencement du fonçage.	Fin du fonçage.	Nombre de jours employés.	Enfoncement dans le sol.	Vitesse d'enfoncement par jour.	Cube extrait.
					m.	m.	mc.
Pile 3	Tube 2	19 avril 1859	2 mai 1859.	11	16,40	0,80	108,499
Pile 2	Tube 1	20 mai.	4 juin.	11	7,80	0,48	73,089
	Tube 2	18 juin.	27 juin.	10	7,00	0,73	78,168
Pile 1	Tube 1	21 juillet.	31 juillet.	11	7,52	0,68	80,467
	Tube 2	23 août.	6 septembre.	9	7,90	0,88	73,948
Pile 4	Tube 1	24 octobre.	15 novembre.	12	13,60	0,62	160,056
	Tube 2	6 décembre.	13 janv. 1860	15	12,90	0,31	172,883
Pile 5	Tube 1	8 mars 1860	17 mars.	8,5	13,52	1,11	164,242
	Tube 2	23 mars.	3 avril	9	13,70	1,12	166,383
Pile 6	Tube 1	17 avril.	2 mai.	9,5	17,03	1,13	166,830
	Tube 2	8 mai.	20 mai.	9	15,84	1,32	159,475

L'inspection de ce tableau, qui ne comprend pas le premier tube parce qu'il a été enfoncé dans des circonstances tout à fait exceptionnelles, indique que malgré l'augmentation considérable de la fiche pneumatique ($17^{m},05$ dans le tube 1, pile 6) au lieu de $7^{m},90$ (tube 2, pile 1), on était arrivé à ne mettre que le même temps dans le fonçage.

Matériaux. — La partie métallique a été construite avec des fers et tôles fournis par l'usine de Commentry, qui était arrivée à produire très-facilement des tôles de $850^{m}/8.000^{m}$. ayant $0^{m},012$ d'épaisseur; toutes les pièces ont été travaillées, présentées, mises en œuvre et ajustées dans des ateliers créés auprès du pont par la compagnie qui avait entrepris les travaux.

Le travail fini de l'atelier a été moyennement de 10.000 kilogrammes par jour.

Montage. — Le montage du pont en tôle a été fait sur un pont de service établi d'abord sur la moitié de la rivière.

puis reporté sur l'autre portion, afin de laisser toujours à la navigation une portion de 250 mètres de largeur.

Épreuves. — Les épreuves prescrites par l'administration ont été faites le 13 août 1860 et jours suivants.

Elles ont consisté à charger le pont de 8.000 kilogrammes par mètre courant, d'abord sur une voie, puis sur une autre, et enfin sur les deux voies simultanément, en laissant la charge pendant huit heures consécutives.

Sous ce poids, l'élasticité des poutres n'a pas été du tout altérée ; pendant la charge, les travées extrêmes, dont l'ouverture est de 57^m,36, ont pris une flèche de 0^m,017, et les travées intermédiaires, dont l'ouverture est de 77^m,06, une flèche de 0^m,022.

Pour le poids roulant, on a fait passer des trains à des vitesses diverses, en leur faisant parcourir le pont de front sur les deux voies, puis en sens inverse ; les flèches prises à cette épreuve ont varié de 0^m,015 à 0^m,022.

Dépenses. — Le prix total de cet ouvrage, tel qu'il résulte des comptes terminés et soldés, est de 2.994.000 fr., c'est-à-dire de 5,988 fr. par mètre courant.

Ce prix de 2.994.000 fr. se décompose de la manière suivante :

Fondations et élévations des culées.	150.000^f,00
Dépense totale pour les six piles intermédiaires. . . .	694.686,60
Tablier métallique.	1.930.145,39
Plancher, voie, peinture, dépenses diverses.	219.168,01
Total général.	2.994.000^f,00

Chaque tube est revenu à 57.890^f,55, ce qui donne pour une pile une dépense de 115.781^f,10 répartie comme suit :

Fontes des anneaux et des chapiteaux.	34.615^f,94
Fonçage proprement dit.	8.910,10
Bétonnage.	5.058,64
Glissières.	5.062,72
Couronnement, enrochements, et dépenses diverses. . . .	4.245,11
Prix de revient d'un tube	57.890^f,55

La superstructure métallique composant le pont pèse 2.950.000 kilog., soit 5.900 kilog. par mètre courant ; elle a coûté 1.950.145^f,39, c'est-à-dire 3.856^f,37 par mètre courant de pont à double voie inférieure.

Le prix payé à l'entrepreneur était de 0^f,66 par kilogramme de fers et tôles mis en place.

La rédaction des projets et l'exécution des travaux ont été commencées sous la direction de feu M. Bommart, ingénieur en chef des ponts et chaussées, directeur de la construction des chemins de fer du Midi ; les travaux ont été achevés sous la direction de M. Surell, ingénieur en chef des ponts et chaussées, directeur de la compagnie.

Les ingénieurs qui ont rédigé les projets et fait exécuter les travaux sont : MM. de Laroche-Tollay, ingénieur des ponts et chaussées, ingénieur en chef de la compagnie, et Regnauld, ingénieur des ponts et chaussées, ingénieur de la compagnie.

Les entrepreneurs étaient MM. Pauwells et comp., et leurs ingénieurs MM. Nepveu et Eiffel.

III

VIADUC DE CHAUMONT

SUR LA LIGNE DE SAINT-DIZIER A GRAY.

—

COMPAGNIE DES CHEMINS DE FER DE L'EST.

Un modèle à l'échelle de 0,01.
N° 1251 (14) du catalogue français.

Disposition générale. — Le viaduc de Chaumont sert aux lignes de Paris à Mulhouse et de Saint-Dizier à Gray, réunies sur ce point, à franchir la vallée de la Suize, que la ligne de Paris à Mulhouse devait traverser en toutes circonstances. Il se trouve situé à un kilomètre au delà de l'origine du tronc commun, et à 5oo mètres en deçà de la gare de même nom.

Si l'on fait abstraction du garde-corps en fonte qui lui sert de couronnement, le viaduc de Chaumont est entièrement construit en maçonnerie.

Des piles-culées le divisent en dix travées de cinq arcades chacune. Les piles intermédiaires sont de simples supports, dont l'épaisseur moyenne ne dépasse pas 1/25 de la hauteur maxima du monument. Chaque arcade d'une travée se compose, dans la partie la plus élevée de l'édifice, d'une arche à plein cintre de 10 mètres d'ouverture, qui supporte la voie de fer sur une largeur de 8 mètres entre garde-corps, puis de deux étages intermédiaires formés d'arches de contreventement, ayant à la fois pour but de rompre les trépidations puissantes qui résultent toujours du passage du train, et de donner appui aux piles-supports qui eussent été beaucoup trop minces sans cette précaution. En conséquence ces arcs-boutants n'ont reçu que 5 mètres de largeur entre leurs tympans, au lieu de 8 mètres donnés aux grandes arches supérieures, disposition qui n'avait peut-être jamais été admise jusque-là d'une manière aussi fortement accusée.

D'ailleurs ces arcs-boutants dérivent simplement du plein cintre supérieur, en recoupant ses reins de part et d'autre sur $0^m,125$ de largeur pour l'étage moyen, et sur $0^m,25$ pour l'étage inférieur. De sorte que les mêmes cintres ont pu servir du haut en bas de l'ouvrage.

Le viaduc entier a été établi suivant une rampe de $0^m,006$ par mètre que suivent les cordons, la plinthe, le garde-corps et les lignes de centres des trois étages de voûtes. Les lignes de naissances de ces mêmes voûtes sont placées partout au même niveau que le centre de l'arche correspondante.

Dans le but de rendre la surveillance et la réparation du viaduc plus faciles, on a ménagé, à travers toutes les piles, et au niveau des deux étages d'arcs-boutants, des portes à plein cintre de $2^m,50$ de largeur et de 5 mètres de hauteur sous clef; les arcs-boutants de l'étage inférieur, combinés avec les portes qui leur correspondent, ont permis de constituer un passage de piétons extrêmement utile d'un côté à l'autre de la vallée de la Suize. Un garde-corps très-léger, composé d'une lisse, de trois sous-lisses et de potelets en fer laminé, a suffi pour atteindre ce but.

Enfin, le viaduc de Chaumont est à culées perdues, c'est-à-dire qu'il est tel qu'il résulterait du type à hauteur maxima que nous venons de décrire, arasé à la partie supérieure suivant la rampe de $0^m,006$ du chemin de fer, mais en même temps recoupé à la base, suivant le relief naturel du sol. Ni murs en ailes, ni murs en retour, ne le terminent à ses extrémités. Les remblais aux abords le contre-butent simplement en l'enveloppant par les talus de leur terre coulante.

Les autres particularités que présente le viaduc de Chaumont résultent des conditions dans lesquelles il a été exécuté.

Matériaux.—L'emploi de la pierre de taille a été restreint à la formation des cordons généraux qui dessinent la partie supérieure de chaque étage des piles à la formation des archivoltes des voûtes, ainsi que des consoles et de la plinthe du couronnement, c'est-à-dire à $1/19$ seulement du cube total des maçonneries, ou bien à 3.000 mètres cubes en nombre rond.

Dans les assises inférieures, qui supportent un poids de plus de 7 kilogrammes par centimètres quarré, le massif de remplissage se compose de maçonnerie de moellons smillés sur leurs lits, de même hauteur dans chacune des assises, et qui paraîtraient, en plan, comme assemblés sous forme de mosaïque grossière, mais à joints serrés, et sans tolérance de cales dans les lits.

Au fur et à mesure que cette pression s'abaissait entre 7 et 5 kilogrammes, on a toléré des joints plus larges, deux assises régulières de remplissage pour une de parement, mais on a continué à proscrire toute cale dans les lits. Enfin,

lorsque la pression décroissait au-dessous de 5 kilogrammes, les maçonneries s'exécutaient suivant les règles ordinaires d'une bonne et solide construction.

Ce travail considérable a été achevé en quatorze mois par
350 maçons, aidés d'autant de manœuvres à peu près, et
par 1,800 carriers, tailleurs de pierres ou piqueurs de moellons, disséminés dans les carrières.

La dépense s'est élevée à la somme de 5.774.156^f,01,
qui se décompose de la manière suivante :

<pre>
Maçonneries. . . . .   4.948.927^f,58
Échafaudages, cintres, etc. . . . .   494.000 ,00
Fonte pour garde-corps, etc. . . . . . .   82.850 ,30
Dépenses diverses. . . . .   248.358 ,55
</pre>

Les ingénieurs chargés par la compagnie des chemins de
fer de l'Est de la contruction du viaduc de Chaumont ont
été : M. Zeiller, ingénieur en chef des ponts et chaussées,
ingénieur en chef de la ligne de Gray ; M. Decomble, ingénieur des ponts et chaussées, ingénieur ordinaire de cette
ligne.

Les travaux ont été exécutés par MM. Parent, Schaken et
compagnie, entrepreneurs.

IV

VIADUC ET PONT DE NOGENT-SUR-MARNE,

SUR LE CHEMIN DE FER DE PARIS A MULHOUSE.

—

COMPAGNIE DES CHEMINS DE FER DE L'EST.

Un modèle à l'échelle de 0,01.
Un dessin de l'élévation générale à l'échelle de 0,003.
Nº 1231 (35) du catalogue français.

Description générale. — *Viaduc.* — Le viaduc de Nogent-sur-Marne se compose de deux ouvrages en maçonnerie de styles complétement différents; le premier, ou viaduc proprement dit, rentre dans la catégorie des ouvrages du même genre exécutés sur plusieurs de nos chemins de fer; il est formé de deux parties et comprend trente arches de 15 mètres d'ouverture, dont vingt-cinq sur la rive droite de la Marne et cinq sur la rive gauche. Entre ces deux viaducs est un pont, également en maçonnerie, ayant quatre arches de 50 mètres d'ouverture chacune.

Toutes les arches sont en plein cintre. Le viaduc sur la rive droite est divisé en cinq travées de cinq arches, par des piles-culées armées de contre-forts, dont la saillie est utili-sée pour former sur la voie des petites gares servant à la pose des poteaux télégraphiques et au dépôt des coussi-nets, coins, chevilles, et outils des ouvriers employés à l'en-tretien de la ligne. La partie submersible de la vallée s'étend sous quinze arches du viaduc sur la rive droite, et sous deux arches seulement sur la rive gauche. A la hauteur des plus grandes eaux connues de la vallée, les piles portent un socle dont sont privées les piles qui sont en dehors de la partie submersible.

Les piles simples du viaduc ont 3 mètres d'épaisseur à la naissance, les piles-culées 4 mètres; elles ont toutes un fruit dans chaque sens de 1/20.

Les contre-forts des piles-culées ont 2 mètres de largeur et 0^m,55 de saillie à leur partie supérieure, sur le nu des tym-pans qui sont verticaux. Ils ont un fruit extérieur de 1/20, mais leurs faces latérales sont verticales et interrompent les imposttes des piles-culées.

De la naissance au socle le fût des piles a 13 mètres de hauteur. La corniche et le socle sont profilés sur les contre-forts.

Les parapets ont 1^m,20 de hauteur au-dessus de la cor-niche, qui a 0^m,65 d'épaisseur et une saillie variable, qui est de 0^m,60 sur presque toute la longueur de l'ouvrage. Les socles ont 0^m,335 de hauteur et 0^m,222 de saillie.

L'archivolte des arches de 15 mètres a 0^m,70 de hauteur, les clefs et contre-clefs du viaduc ont 0^m,95 de hauteur et se raccordent avec les moulures de la corniche.

Les trois premières travées du viaduc sur la rive droite, et la travée sur la rive gauche, sont en courbe de 1.000 mètres de rayon; les autres travées et le pont sont en ligne droite.

Le viaduc et le pont sont séparés par des contre-forts de

9^m,25 de largeur correspondant aux culées du pont. Ces contre-forts accusent nettement la différence des deux styles, qui ne pouvaient avoir d'analogie, eu égard aux dispositions complétement différentes des deux ouvrages.

Pont. — Le pont proprement dit se compose de quatre arches en plein cintre de 50 mètres d'ouverture, dont la naissance est au niveau de l'étiage de la Marne.

Les piles du pont ont 6 mètres d'épaisseur à la naissance; la pile en rivière a deux musoirs, ou demi-tours, servant d'avant et arrière-becs; ces musoirs n'existent pas aux culées et aux piles placées dans l'île; ils ont été remplacés par des avant-corps saillants reproduisant les mêmes lignes en élévation. Les piles et culées sont armées de contre-forts dont le fruit extérieur est de 1/20, et dont les faces latérales sont verticales. Ces contre-forts s'arrêtent, d'une part, à la corniche, et, de l'autre, aux chapeaux des avant-corps des piles et culées.

De petites gares correspondent sur la voie aux contre-forts; il en a été ménagé aussi au-dessus des clefs de voûte; à cet effet, les saillies des clefs et contre-clefs ont été disposées de manière à introduire une saillie correspondante de la corniche et des parapets, et à fournir un motif de décoration des voûtes.

Les tympans sont verticaux; les voussoirs forment un bandeau régulier ou archivolte de 1^m,80 de hauteur; la corniche a 0^m,65 d'épaisseur et 0^m,60 de saillie, comme au viaduc; le parapet a 1^m,20 de hauteur au-dessus de la corniche; les moulures du parapet et de la corniche règnent sans interruption sur toute la longueur de l'ouvrage. Au-dessous de la corniche les contre-forts du pont sont ornés de modillons; ce motif est rappelé dans la décoration des clefs. Les clefs sont pendantes de 0^m,20, et ont 2^m,35 de hauteur, y compris la tablette placée entre la volute et les modillons.

Pont et viaduc réunis. — L'édifice a, dans son entier développement, 85o mètres de longueur et 29 mètres de hauteur au-dessus de l'étiage de la Marne. La largeur entre les parapets est de 8 mètres, et celle entre les têtes de 8^m,90.

Le pont, compris entre les deux portions de viaduc, traverse obliquement la vallée; l'axe des voûtes fait avec le courant un angle de 23 degrés environ; les arches extrêmes, sur les deux bras de la Marne, sont pourvues de chemins de halage. L'intervalle entre les têtes n'est pas plein; des voûtes, dites de décharge, ménagent des vides, et cette disposition contribue à diminuer la pression sur les voûtes et sur les piles. Dans le viaduc, les voûtes de décharge sont parallèles aux voûtes principales sur les reins desquelles elles s'appuient; elles se rapprochent beaucoup du plein cintre.

Dans le pont, les voûtes de décharge sont perpendiculaires aux voûtes principales. Elles sont petites, et les ouvertures varient de manière à faire correspondre la position des pieds-droits à celle des rails de la voie. Ces pieds-droits, à cause de leur hauteur, sont reliés entre eux par des voûtes, ce qui constitue un système de voûtes de décharge composé de quatre étages de voûtes superposées; celles du milieu ont 1^m,44 de diamètre; celles qui sont à droite et à gauche des précédentes ont o^m,90 d'ouverture; les voûtes placées aux extrémités viennent s'appuyer sur les tympans et les contre-forts.

Des cheminées, placées à la partie supérieure des voûtes de décharges du viaduc et du pont, permettent d'y descendre de la voie; dans celles du pont, il y a des portes et des ouvertures pour descendre à tous les étages de voûtes.

Les angles saillants et rentrants, les imposes, les socles

et musoirs des piles et culées, les parapets, moulures et corniches, sont en pierre de taille; les douelles, tympans et parements des pieds-droits sont en meulière piquée; les maçonneries de remplissage du viaduc sont en moellons de Saint-Maur, celles du grand pont en meulière brute.

Fondations. — Sur la rive droite, dans la partie submersible, les fondations sont établies sur le gravier incompressible et très-pur, dont la profondeur est de 3 mètres à $3^m,5o$ dans la partie supérieure de la vallée, et de 13 mètres dans la partie la plus basse, l'île des loups. Dans la partie non submersible, les fondations sont établies sur une argile jaune ocreuse, compacte, dont la profondeur varie de $1^m,5o$ à 3 mètres; sur la rive gauche, également dans la partie insubmersible, les fouilles ont été descendues, à peu près à la même profondeur, jusqu'à une argile bleuâtre, compacte, contenant un suintement, qui a été recueilli dans une rigole d'assainissement pour éviter tout mouvement de glissement.

Tout l'ouvrage est fondé au moyen d'une couche de béton placée entre la maçonnerie et le sol jugé suffisamment résistant. L'épaisseur de cette couche de béton est variable. En raison de la nature du sol, la couche de béton établie sous certaines piles a dû être entourée d'une enceinte de pieux et palplanches.

L'enceinte de pieux et palplanches a été remplacée, dans la pile en rivière, par une enveloppe générale en tôle, de forme cylindrique, de $22^m,35$ de longueur sur $10^m,8o$ de largeur en moyenne et de 9 mètres de hauteur, divisée en trois couronnes, l'une de 3 mètres, l'autre de $3^m,5o$ et l'autre de $2^m,5o$.

La couronne inférieure correspondait à la partie bétonnée de la fondation; elle était composée de feuilles de tôle de

0^m,0045 dans la partie plane, et 0^m,004 dans la partie courbe formant les avant et arrière-becs.

La couronne intermédiaire, qui correspondait à la partie maçonnée de la fondation, devait être établie assez solidement pour résister à la pression latérale de l'eau extérieure pendant l'exécution. On a employé pour l'établir des tôles de 0^m,008 et de 0^m,010 d'épaisseur.

La couronne supérieure, qui n'était destinée cu'à servir de batardeau et qui devait être enlevée après l'achèvement des maçonneries; était formée de tôle de 0^m,0035 et 0^m,0045.

Dépenses. — La dépense totale s'est élevée au chiffre de 5.574.057^f,25. Cette somme se décompose de la manière suivante :

Terrassements.	150.745^f,77
Maçonneries.	5.820.054 ,44
Charpente.	867.971 ,55
Ferronnerie.	129.449 ,92
Travaux divers.	425.855 ,79

Les ingénieurs qui ont été chargés par la compagnie de l'Est de la construction du viaduc et du pont de Nogent étaient : M. Vuigner (Émile), ingénieur en chef de la compagnie; M. Collet-Meygret, ingénieur des ponts et chaussées, ingénieur principal de la 3e division de construction; M. Pluyette, ingénieur des ponts et chaussées, ingénieur ordinaire du 1er arrondissement de la 3e division.

Les travaux ont été exécutés par MM. Parent, Schaken et Cie, entrepreneurs.

V

VIADUC DE FRIBOURG

POUR LE PASSAGE DU CHEMIN DE FER DE LAUSANNE A FRIBOURG
ET A LA FRONTIÈRE BERNOISE.

—

Un modèle à l'échelle de 0,04.
N° 1251 (47) du catalogue français.

Disposition générale. — Le viaduc franchit la vallée
de la Sarine, près Fribourg, à une hauteur de 76 mètres,
mesurée du niveau des rails à l'étiage de la rivière. Sa longueur totale, prise entre les parements extérieurs des culées,
est de 328^m,84. Il repose sur six piles, distantes entre elles
de 48^m,80. Chaque pile se compose d'un corps supérieur, en
métal, ayant une hauteur de 44 mètres, et d'une partie
basse, en maçonnerie, qui est fondée sur le terrain solide.
La pile la plus élevée a une hauteur totale de 80 mètres, mesurée du niveau des rails au plan de fondation.

Tablier. — Le tablier métallique est formé par quatre
poutres, au-dessus desquelles se placent les traversines, en

fer, qui supportent le plancher et les rails. Chaque poutre
se compose d'un longeron supérieur et d'un longeron inférieur, en forme de T. Ces longerons sont tenus à distance
par une série de montants, et contreventés par une paroi en
forme de treillis. Au droit des montants verticaux, les quatre
poutres sont reliées entre elles par un système très-puis-
sant de contrevents, formés chacun par des entretoises et
des croix de Saint-André. Le treillis se compose, moitié de
fers plats et moitié de fers à côtes ; ces fers sont distribués
de façon à faire résister, sous la charge morte du pont, les
plats à la traction, et les barres à côtes à la compression.
Ainsi qu'on le pratique dans tous les ponts à poutres métalliques, la force des fers du treillis et des longerons, haut
et bas, de même que l'espacement des montants et contrevents transversaux, sont variables, suivant leur position, et
de telle sorte, que le maximum de la résistance correspond
partout au maximum de la fatigue. Le tablier est muni, en
outre, d'un système complet de contrevents horizontaux,
s'étendant sur toute sa longueur.

Piles. — La partie métallique des piles se compose :
1° d'un soubassement, en fonte, s'étendant régulièrement
sur la face supérieure de la maçonnerie ; 2° d'un entablement, placé immédiatement sous les poutres ; 3° de douze
colonnes, en fonte, reliant entre eux les châssis précités ;
4° d'une série de croix et de parois, en fer, servant à en-
tretoiser les colonnes. Le soubassement est lié à la maçonnerie par de puissants boulons de fondation, descendant
dans es massifs à une profondeur de 15 mètres, et établis
en vue de garantir une solidarité absolue entre les fondations et la superstructure métallique. Les colonnes en fonte
ont, en section transversale, la forme d'un noyau cylindrique, portant quatre brides. Cette forme offre à la fois une

grande résistance à la flexion transversale, et une grande
facilité à recevoir les contreventements destinés à assurer la
rigidité générale du système. Ces contreventements sont formés à l'extérieur par des châssis, dont les parois sont composées de barres en fer plat, et à l'intérieur par des fers en
croix de Saint-André, dont les extrémités sont munies de
tendeurs. Pour rendre l'exécution des piles facile et pratique,
on a subdivisé la hauteur de 44 mètres en onze étages, lesquels se superposent par des brides de jonction, qui sont
parfaitement dressées et emboîtées les unes dans les autres. A chaque étage, les bases des colonnes sont reliées entre elles par des contreventements horizontaux, en vue
d'empêcher la torsion du corps de la pile, comme les contrevents verticaux empêchent la flexion et le renversement.

Maçonneries. — La maçonnerie des piles a sensiblement
la forme d'une pyramide tronquée, avec de faibles pans
coupés. Les piles en rivière portent des avant et arrière-
becs qui les défendent contre le choc des corps flottants.
Chaque culée est traversée par une arcade de 5 mètres d'ouverture, pour permettre le passage d'une route longeant la
vallée. A l'intérieur de l'avant-corps se trouve un escalier,
qui correspond, d'un côté avec cette route, et, par le haut,
avec une passerelle ménagée au bas du tablier, entre les
poutres centrales. Cette passerelle permet la communication entre les deux rives de la vallée ; elle livre accès, en
même temps, à toutes les parties du tablier et aux piles.

Toutes les maçonneries sont en pierre de taille, sans exception. Le couronnement des piles et culées est formé de
calcaire de l'Oberland Bernois. Les revêtements extérieurs,
exposés au contact de l'eau ou des couches supérieures du
terrain, sont en tuf de Corpateaux. Le restant des maçonne-

ries est composé de pierres de molasse, extraite sur les lieux mêmes.

Dispositions spéciales. — Les dispositions suivantes sont surtout à mentionner comme spéciales à la construction du viaduc.

Pour les piles, on a adopté le système mixte, métal et pierre, d'une part, parce que l'on doutait de la solidité d'ouvrages allant jusqu'à 76 mètres de hauteur, et devant être exécutés forcément avec la pierre de molasse, dont la résistance à l'écrasement est inférieure à celle de la plupart des pierres de taille employées dans les constructions, et d'autre part, parce que l'on tenait à une exécution très-rapide, et que celle-ci semblait plus assurée avec des métaux ajustés à l'avance, qu'avec de la pierre.

Dans la composition de la charpente métallique des piles, pour tirer des métaux le meilleur parti, au point de vue de la solidité et de l'économie, on s'est appliqué à faire travailler de préférence la fonte à l'écrasement, et le fer à la traction. De là le choix de ce dernier métal, pour former les treillis et tous les autres contreventements.

Le tablier a été formé par quatre poutres, en vue de placer, autant que possible, une poutre sous chaque rail.

Il était important de rendre solidaires, autant que possible, toutes les parties formant ce tablier et les piles, afin de faire contribuer toute la masse du pont à amortir les vibrations sous le passage des convois. C'est en vue de cette condition que les contreventements ont reçu plus d'importance qu'on ne le fait ordinairement dans les ponts.

Le tablier repose sur les six piles sans rouleaux de friction, le calcul et l'expérience ayant démontré aux constructeurs que la flexion des piles est suffisante pour permettre l'extension et la contraction des poutres, dans les limites qui sont en rapport avec la température des lieux. Au contraire, sur chaque culée les poutres s'appuient sur des rouleaux.

Levage du pont. — Pour le viaduc de Fribourg, la partie la plus difficile à la fois et la plus chanceuse de la construction était certainement le montage et la mise en place des piles et du tablier.

Après une étude attentive, les constructeurs se sont décidés à renoncer absolument à l'emploi d'échafaudages pour cette opération. A des hauteurs de 55 à 80 mètres, des ouvrages en bois n'auraient offert ni la solidité, ni la sécurité nécessaires à un travail qui porte sur des masses énormes, tout en exigeant une précision absolue.

Le tablier a donc été monté à terre pour être glissé ensuite sur rouleaux, d'une rive à l'autre. Quant aux piles, leur montage s'est opéré en tirant parti du tablier lui-même pour l'approche, les manœuvres et la mise en place définitive des pièces.

Un treuil, formé par trois pignons et trois grandes roues dentées, est placé dans la maçonnerie de la culée. Les axes ayant une longueur égale à la largeur du tablier, pour éviter leur torsion on a dû établir les roues et pignons au nombre de deux sur chaque axe, dont un de chaque côté. Le mouvement est imprimé par des hommes, dont le nombre peut aller au besoin jusqu'à vingt-huit. L'arbre moteur porte trois poulies à la *Barbotin*, dans lesquelles s'engagent trois chaînes qui se logent au milieu des trois vides laissés entre les quatre poutres, et se terminent chacune par une fourche qui s'amarre aux plate-bandes inférieures des poutres. Lorsque le pont a fait environ 30 mètres, les chaînes sont au bout de course, il faut alors reprendre les amarres.

Le tablier est appuyé par les plate-bandes inférieures de ses quatre poutres sur un système de rouleaux, dont le diamètre est de 0^m,80, et qui reposent sur des paliers en fonte, à l'aide d'axes en fer, de 0^m,160 de diamètre. Ces rouleaux peuvent supporter chacun une charge de 125,000 kil.

La force des poutres, dans la première et la seconde travée, a été calculée de façon à permettre au pont de se tenir en porte-à-faux sur une longueur égale à sa première travée, de telle sorte qu'il peut se trouver poussé dans le vide assez loin pour livrer passage, soit de la culée vers la première pile, soit, par la suite, à une pile achevée vers l'emplacement de la pile suivante, non montée. Un système d'armatures, en chaînes, prenant son point d'action sur l'avant du pont, et ses points d'appui sur la seconde travée, est placé, en outre, pour permettre de surcharger l'avant au moment du porte-à-faux, dans une certaine mesure sans produire d'affaissement sensible.

Ces conditions réalisées, le pont est halé de la terre ferme en avant, jusqu'à ce que sa partie la plus avancée se trouve à l'aplomb de la première pile à monter. Les pièces de cette pile sont chargées alors, sur un wagon établi sur les rails mêmes du tablier, à l'arrière, puis dirigées vers l'avant, où elles sont saisies par un treuil à doubles freins, qui les conduit directement à leur destination.

La première pile montée, on l'arme à son sommet d'un jeu de quatre rouleaux, lesquels se logent en lieu et place d'une partie de l'entablement. Le pont est ensuite tiré en avant d'une nouvelle travée, et le montage de la seconde pile peut commencer.

Comme les piles métalliques sont nécessairement susceptibles d'une certaine flexion, et que le tablier, en roulant sur ses poulies, exerce tangentiellement à celles-ci, et par suite normalement aux piles, une pression assez considérable, des précautions spéciales étaient nécessaires pour assurer la parfaite verticalité de ces dernières, lors du halage. À cet effet, le sommet de la première pile est lié à un point d'appui, créé, spécialement pour cela, sur l'arrière de l'avant-corps de la culée, à l'aide de quatre haubans en fer, dont deux destinés à faire le travail, et deux autres à servir de chaînes de sûreté. Ces haubans, toutefois, abandonnés à eux-mêmes, auraient pris une certaine flèche et constitué ainsi une retenue élastique, non rigide. Pour empêcher cet effet, on a dû les suspendre, à leur tour, par des chaînettes, dont la courbure et les tiges de suspension ont été calculées de façon à les maintenir en ligne droite inextensible. La seconde pile prend ses appuis sur la première, et ainsi de suite. La force de la chaîne des haubans, qui relie, de cette façon, les sommets des piles, va en diminuant depuis la culée jusque vers la pile la plus éloignée.

Avantages du système de levage employé. — Les avantages du système général de levage, dont on vient de mentionner les points principaux, et qui, aujourd'hui, est sanctionné par l'expérience, se comprennent facilement. En dehors de la condition principale déjà citée, d'éviter tous les échafaudages et les inconvénients qu'ils auraient entraînés au point de vue du temps employé, de la sécurité et des frais d'établissement, l'opération du montage se fait simplement et avec la plus grande facilité. Les éléments arrivent des usines par les voies de fer, jusqu'à l'emplacement du montage, et de là, ils sont conduits à la place définitive sans fausse manœuvre, et presque sans emploi de force motrice, puisque tout doit descendre, et que le poids suffit pour cela.

L'opération du halage, d'une pile à l'autre, n'exige que seize hommes de manœuvre, et s'effectue, pour un parcours de $48^m,8o$, en six heures de travail.

Cubes. — Le poids des métaux employés à la construction du viaduc est composé comme il suit :

Tablier. — Fers.	1.200.000 kil.
Piles. — Fers.	650.000
Fontes.	1.500.000
Total	3.150.000 kil.

Le cube des bois du plancher et des longrines sous rails est de 385 mètres cubes.

Le cube des maçonneries des piles et culées est de 20.000 mètres cube.

Études et construction. — Le viaduc a été construit par MM. Schneider et C⁰, du Creusot, sur un programme fourni par l'administration du chemin de fer de Lausanne à Fribourg et à la frontière Bernoise, dont les ingénieurs ont été successivement MM. Jacqmin et Durbach, ingénieurs des ponts et chaussées. Ce programme donnait à MM. Schneider et C⁰ les dimensions générales de l'ouvrage, le nombre de piles, et la composition de celles-ci, partie en métal et partie en maçonnerie. Les plans de l'ouvrage proprement dit, de même que tous les plans relatifs aux dispositions à employer pour le levage et la mise en place, sont restés confiés aux soins de MM. Schneider et C⁰. La fabrication des fers de toutes sortes employés à la construction du tablier et des piles, l'ajustage de ces fers et des fontes, de même que toutes les opérations relatives au levage et à la mise en place, sont dus exclusivement aux usines du Creusot, dont M. Mathieu est l'ingénieur en chef. L'exécution des maçonneries, sous le contrôle de la Compagnie du chemin de fer, a été entreprise et dirigée par M. Wirth, entrepreneur de travaux à Berne.

HUITIÈME SECTION.

MINES.

I

CAPTAGE ET AMÉNAGEMENT

DES SOURCES MINÉRALES DE PLOMBIÈRES (Vosges).

MINISTÈRE DE L'AGRICULTURE, DU COMMERCE ET DES TRAVAUX PUBLICS.

Trois dessins.
Nº 1251 (21) du catalogue français.

Plombières. — La petite ville de Plombières, bien connue par ses eaux thermales, est située au fond d'une vallée longue et étroite qui représente le type le mieux accusé des vallées ouvertes par voie de fracture, à la suite d'une convulsion du globe. On pourrait la comparer à un immense fossé creusé en ligne droite au travers du vaste plateau, doucement incliné au sud-est, qui relie les montagnes des Vosges aux plaines de la Haute-Saône. Ses coteaux escarpés, ouverts dans la masse

granitique et couronnés par le grès bigarré, n'ont pas moins
de 100 à 150 mètres de hauteur au-dessus du fond, occupé
par une bande de terrain d'alluvion, dont la largeur n'est
guère supérieure, le plus souvent, à 20 ou 30 mètres. Les
sources thermales ont jailli par le fond même de cette faille,
du jour où elle a été créée. Leur centre principal d'émergence est caché par les alluvions ; des sources semblables,
mais de température décroissante à mesure que l'on s'élève,
s'étagent à une faible hauteur au-dessus du thalweg, en
formant des enceintes concentriques au point principal
d'émergence signalé par une température exceptionnelle de
73°,9 centigrades.

La présence des sources thermales a, de tout temps,
attiré l'attention sur cette localité ; mais l'état de ses thermes
laissait encore beaucoup à désirer lorsqu'en 1856, sous la
haute impulsion donnée par l'empereur, furent commencés
les travaux d'amélioration qui ont donné à cette station
thermale une étendue proportionnée à son importance croissante.

On ne pouvait songer à placer le nouvel établissement
dans l'ancienne ville entassée sur elle-même. Une voûte de
238 mètres de longueur, jetée sur le ruisseau, en aval de
Plombières, donna l'emplacement nécessaire aux nouvelles constructions projetées. Les thermes Napoléon III,
disposés suivant l'axe de la vallée, sont encadrés entre les
deux hôtels qui les accompagnent et constituent un ensemble
d'un aspect monumental. En face s'élèvent, sur la pente de
la colline, les réservoirs destinés à les alimenter ; en descendant la vallée, on trouve un peu plus loin un parc créé par
l'empereur en 1857, et qui est devenu, depuis cette époque,
la promenade habituelle des baigneurs.

La ville elle-même a reçu des améliorations importantes.

Les habitants se sont associés avec ardeur à ces travaux
d'embellissement; des constructions neuves et élégantes se
sont élevées de tous côtés et ont changé l'aspect de la ville.

État des sources thermales. — Mais l'état des sources
thermales, cause première de la fortune de Plombières, ne
répondait pas au développement qu'on voulait donner à ses
bains. A une époque déjà reculée, on les avait recueillies,
pour la plupart, comme elles se présentaient, au travers des
terrains de remblai sur lesquels reposaient les maisons et
les pavés des rues. Leur origine véritable était complétement
inconnue, leur aménagement laissait à désirer, et leur quantité n'était pas en rapport avec l'importance que l'on voulait
assurer à Plombières.

Il fallait donc tenter de sérieux efforts pour remonter à
l'origine des sources, recueillir tous leurs produits, augmenter leur débit en même temps que leur pureté, et
assurer leur conservation sur des bases définitives. Il fallait encore porter les eaux au nouvel établissement, situé
à une distance assez considérable, et préparer ses moyens
d'alimentation. Ces travaux, entrepris au début de l'année
1857, ne pouvaient s'exécuter que pendant l'hiver, dans
l'intervalle des saisons de bains; ils n'ont été complétement
achevés qu'en 1862.

Le passage des Romains à Plombières était attesté, entre
autres vestiges, par la présence d'une sorte de radier en
béton que l'on rencontrait, dès qu'on fouillait le sol, à une
faible profondeur. Ce béton présentait une solidité prodi-
gieuse résultat de l'action du temps et surtout de l'action
des eaux de Plombières bien plus que de l'habileté des constructeurs; sa résistance, aussi bien que la crainte fondée de
troubler l'écoulement habituel des sources thermales, avait
empêché, jusqu'alors, toute exploration du sous-sol.

Substructions romaines. — Les premiers travaux de recherches exécutés en 1857 montrèrent que des thermes romains d'une certaine importance servaient en quelque sorte de base à la ville actuelle. Après avoir mis à découvert les restes de ces thermes, on put se rendre compte de la pensée qui avait présidé à l'ensemble des travaux.

Les eaux thermales bouillonnaient au travers des galets qui formaient le lit du torrent; on n'avait pu songer à les poursuivre; elles se seraient enfuies en quelque sorte sous la main qui aurait voulu les saisir.

En conséquence, le ruisseau fut emprisonné dans un lit artificiel suspendu aux rochers de la rive gauche, et l'on se trouva alors maître de cette étroite bande de sable et de galets où les sources thermales foisonnaient du fond et des côtés; chacune d'elles fut très-sagement appropriée à un usage déterminé.

Un radier de béton de plusieurs mètres d'épaisseur fut étendu à la surface de l'alluvion : au centre on ménagea une immense piscine qui n'avait pas moins de 41 mètres de long sur 9 mètres de large et pouvait contenir de 4 à 500 mètres cubes d'eau. On enleva ensuite toute issue aux eaux minérales en fermant la vallée à l'aval par un barrage qui descendait jusque sur la roche et s'appuyait contre le radier déjà créé. Les eaux minérales, refoulées par ce barrage, contenues par le radier horizontal, furent obligées de remonter par une cheminée ménagée à la tête du grand bain. Elles vinrent alors alimenter cette vaste piscine, qu'on a démolie à diverses époques pour construire les bains actuels.

Au-dessous de l'étuve principale, on avait construit une grande piscine destinée à un bain spécial, qui constituait une dépendance de l'étuve elle-même.

D'autres sources thermales sortaient directement du rocher par plusieurs issues : on étendit à la surface et sur chaque groupe de sources une couche épaisse de béton dans laquelle on ménagea de petits canaux aboutissant à chacun des points d'émergence : ces canaux se réunissaient à un centre commun qui devint l'axe d'une piscine particulière.

Mais les bains alimentés par les eaux ainsi conquises se trouvaient inférieurs au niveau du ruisseau surélevé par le fait de sa dérivation : pour parer à cet obstacle, on réserva au travers de la masse de béton un canal de vidange qui débouchait dans l'ancien lit du ruisseau au-dessous du déversoir. Les eaux de chaque piscine se rendaient dans ce canal au moyen de tuyaux en plomb d'un très-gros diamètre ($0^m,21$) sur lesquels étaient placés des robinets en bronze d'un poids et d'un diamètre proportionnés.

Pour compléter cet ensemble d'établissements thermaux, on établit sur la rive gauche, au-dessous du bain des Dames, une étuve sèche (*laconicum*) ; l'hypocauste seul existe encore. On a pu également visiter et on a recueilli des renseignements exacts sur la manière dont il était établi.

Travaux de captage. — Les travaux de captage récemment exécutés ont eu pour but de compléter en quelque sorte les travaux des Romains en s'inspirant de la même pensée et surtout en profitant de ce qu'ils avaient fait.

On prit le parti d'attaquer les travaux romains en partant du pied de la ville, en se plaçant à un niveau aussi bas que le permettait l'écoulement des eaux. Après avoir traversé une rue étroite, la galerie de recherche arriva au radier en béton établi par les Romains et dans lequel on se fraya péniblement passage. Le fond de la tranchée se trouvait au-dessous du niveau atteint par les Romains ; on put étudier à loisir les émergences qui se produisaient au travers des terrains d'alluvion. Lorsqu'on les eut reconnues, on construisit le sol de la galerie, qu'il fallut rendre parfaitement étanche en le reliant à la surface inférieure du radier romain. Des cheminées ménagées au-dessus des émergences principales donnent issue aux eaux minérales ainsi refoulées. Leurs produits, isolés au point de départ, tombent dans une rigole commune qui va les soumettre successivement à l'action de la turbine qui dessert les anciens établissements, et de la machine à vapeur créée pour les nouveaux bains.

Un travail d'un tout autre genre, résultat des études faites sur l'origine des sources de Plombières, fut entrepris en perçant au sein de la roche granitique une galerie destinée à saisir les cheminées naturelles par lesquelles tendaient à s'élever des sources minérales particulières.

Cette galerie, bien qu'elle n'ait pas plus de 80 mètres de longueur, a déjà fourni six sources nouvelles, dont la température s'élève progressivement de 16° à 47° à mesure qu'on s'avance à l'est vers le point central dont on a parlé en premier lieu; elle a fourni, en outre, quelques renseignements intéressants sur les relations qui existent entre les sources thermales et les filons qui leur donnent naissance.

Ces travaux ont atteint le but qu'on s'était proposé : toutes les sources qui ont été attaquées ont augmenté de température, et l'on est arrivé jusqu'à 73°.9. Le débit a été plus que doublé, et le nombre total des sources a été porté à vingt-cinq. Un système d'aqueducs souterrains établis sous le sol de la ville met toutes les sources à découvert et assure la pureté de leurs eaux en même temps qu'il facilite leur étude.

L'étuve romaine découverte dans le haut de la ville a été conservée : on a pu, sans la modifier dans ce qui restait encore d'intact, l'approprier aux besoins actuels et créer, sous le sol même de la rue, un système d'étuves qui complète heureusement les ressources des anciens établissements, fort dépourvus jusqu'alors sous ce rapport.

Travaux d'aménagement. — L'aqueduc du thalweg a été prolongé du côté d'aval, en passant sous le lit de la rivière, afin de conduire les eaux minérales au nouvel établissement. Mais comme sur ce point, aussi bien que pour les anciens établissements thermaux, les bains sont supérieurs au niveau d'écoulement des sources, il fallait une force motrice et des pompes pour lancer les eaux dans les réservoirs supérieurs, où elles s'accumulent et d'où elles redescendent par leur propre poids jusqu'au lieu d'emploi. A cet effet, on a placé sur la rive droite de l'Eaugronne une petite machine à vapeur de la force de huit chevaux, agissant sur une des trois pompes à pistons plongeurs qui refoulent les eaux à une hauteur de 26 mètres dans les réservoirs situés en face des thermes Napoléon III ; auprès des pompes sont cachés sous le sol deux réservoirs souterrains dans lesquels tombent les eaux minérales ; seulement l'un est destiné à l'eau minérale chaude, l'autre à l'eau minérale refroidie dans son trajet. On peut mettre l'un et l'autre de ces réservoirs en communication avec les pompes et, remplir ainsi, à volonté, l'une ou l'autre des deux divisions correspondantes des grands réservoirs.

Cette réfrigération s'opère d'une manière fort simple : l'appareil se compose d'un faisceau de tubes en cuivre d'un petit diamètre placés horizontalement, engagés par leurs extrémités dans deux plaques en cuivre comme les tubes d'une locomotive. Une prise d'eau faite sur l'Eaugronne permet, au moyen du déplacement d'une petite vanne, de faire circuler autour de ces tubes un courant d'eau froide, dont on peut régler la rapidité. L'eau thermale peut également être obligée de parcourir, lorsqu'on le veut, ces petits tubes en cuivre dans lesquels elle se meut en sens inverse du courant d'eau qui les enveloppe, et elle sort à l'extrémité de l'appareil, en reprenant son niveau, après avoir perdu une portion de son calorique, qui dépend de la quantité d'eau réfrigérante que l'on a introduite dans la caisse : une conduite particulière amène l'eau ainsi réfrigérée dans le réservoir qui lui est destiné.

Les travaux de Plombières ont été exécutés sous la direction de M. Daubrée, ingénieur en chef des mines, par M. Jutier, ingénieur des mines.

II

TRAVAUX D'AMÉLIORATION DES EAUX MINÉRALES

ET DES THERMES DE BAGNÈRES-DE-LUCHON.

—

MINISTÈRE DE L'AGRICULTURE, DU COMMERCE ET DES TRAVAUX PUBLICS.

Un modèle à l'échelle de 0,05.

N° 1231 (20) du catalogue français.

Description. — La station thermale de Luchon a acquis, depuis vingt-cinq ans, une importance remarquable. Elle la doit à l'abondance et à la diversité remarquable de ses sources, aujourd'hui au nombre de cinquante-trois, à la bonne appropriation et à l'élégance de ses thermes, ainsi qu'à la beauté tout exceptionnelle de la vallée et de ses montagnes.

Améliorations. — Les premières tentatives d'amélioration des sources thermales de Bagnères-de-Luchon remontent à 1836.

Avant cette époque, l'établissement ne possédait que sept sources sulfureuses, de 32 à 59 degrés centigrades, débitant ensemble 118.000 litres par vingt-quatre heures. Après ces fouilles, le nombre des sources fut porté à huit, de 51 à 57 degrés, fournissant ensemble 180.805 litres par vingt-quatre heures, toutes comprises dans les atterrissements.

Les travaux de la période de 1838-1842 fixèrent toutes les sources dans la roche, en portèrent le nombre à quinze, de 25 à 66 degrés centigrades, débitant ensemble 372.570 litres par vingt-quatre heures. On avait ainsi réalisé un accroissement permanent de 192.000 litres, c'est-à-dire plus que doublé le rendement de 1836.

En outre, on avait mis à découvert dans la roche une source saline de 15 à 17 degrés, débitant, selon les saisons, de 472 à 625 mètres cubes, destinée au coupage des bains et des douches. Les eaux de cette source furent retenues dans leur trajet, en tête de la galerie des Froides, à un niveau convenable pour réagir sur les sources du groupe de l'enceinte. En faisant varier le niveau de la Froide, on obtient cet effet remarquable que l'on augmente ou l'on réduit simultanément, entre certaines limites, le débit, la température et la sulfuration de ces quatre sources.

Le volume journalier acquis de 372 mètres cubes, détermina, en principe, la reconstruction des thermes. C'est en 1845 que fut commencée la rédaction d'un projet général.

On se réserva, dans les travaux à exécuter, la possibilité de continuer les recherches souterraines ; aujourd'hui les galeries exécutées dans la première période et dans les suivantes présentent un ensemble de 571 mètres courants de galeries de niveau.

Ces travaux, en y comprenant ceux de l'aqueduc de distribution du pied des réservoirs et de Richard inférieur, ont porté le nombre actuel des sources à cinquante-trois et le rendement journalier total à 659.700 litres, soit un accroissement de 287.500 litres fournis par trente-huit nouvelles sources de 51 à 65 degrés centigrades.

L'ensemble des travaux souterrains du sud comprend une longue galerie d'allongement de la Roche-en-Place, que l'on aborde par les cinq galeries de Lachapelle, de Senyez, de Bordeu, du Pré et du Saule, ouvertes au travers des atterrissements.

Puis viennent les pénétrations en roche des groupes de Lachapelle, du Bosquet, de Senyez, de Bordeu et du Pré; enfin, la galerie de recette des Froides, la galerie dite de Drainage et le travail actuel de recoupement du massif granitique de Bordeu-Pré.

Le caractère général de ces travaux, ouverts dans les roches Phylladiennes, c'est que partout où l'on a rencontré des pointements de pegmatites ou de granits à mica palmé, on a mis à nu des groupes de griffons sulfureux à sa limite, ou au sein des roches cristallines. De là, la division des sources du sud en différents groupes.

Les galeries d'allongement de Bordeu et du Pré concourent, avec la galerie en roche, dite de Drainage, à circonscrire un massif de granit passif, à pseudo-strates sensiblement verticales, courant vers nord-sud. Ce massif, exploré par les recherches en roche de Bordeu et du Pré, accusait notamment, suivant des filons de pegmatites, l'existence d'eaux sulfureuses. Cette existence, constatée ensuite par l'ouverture de la galerie de Drainage, a conduit au travail de recoupement qui s'exécute au massif du sud, et qui déjà a fourni de 70 à 80 mètres cubes à 59 degrés.

Le plan en relief fera comprendre les détails et les bases de ces travaux souterrains, commencés il y a vingt-six ans, et continués avec persévérance par la municipalité de Luchon, sous l'impulsion de son maire, M. Charles Tron.

Aujourd'hui dix-huit sources sont employées en boisson sur place.

Les cinquante-trois sources actuelles, groupées entre elles, par les soins de M. le professeur Filhol, dont on connaît les études chimiques sur les eaux de Luchon, sont réparties, selon leur composition native, en raison des besoins des services des douches, des bains et des piscines, dans quinze réservoirs de distribution. De ces réservoirs, les eaux se rendent sur les lieux d'emploi par une tuyauterie spéciale en bois de sapin, injecté au chlorure de zinc.

L'édifice thermal de Luchon est le plus important des thermes de l'Europe. Il renferme, outre une vaste salle des pas-perdus et de grands dégagements, savoir :

Dix salles de bains, d'un caractère différent, motivé par la nature des eaux, par le caractère de leur emploi médical. Ces salles renferment cent baignoires, toutes à douche locale mobile, et vingt avec douche moyenne ;

Deux piscines avec vestiaires ;

Un vaste bassin de natation ;

Une vaste galerie des douches et des bains avec douches renfermant neuf grandes douches spéciales à double vestiaire et lit de repos ; huit bains avec douche forte ; et autres douches variées.

Une piscine pour les chevaux, alimentée par l'ensemble des vidanges, complète cette installation qui va recevoir encore, pour la saison de 1862 et suivantes, d'importantes additions.

Tous les travaux de recherches des sources, de leur appropriation, ont été exécutés sous la direction de M. J. François, ingénieur en chef des mines. L'édifice thermal, les installations intérieures, sont dus à M. Chambert, architecte.

III

AMÉLIORATION DES EAUX MINÉRALES

ET DES THERMES D'USSAT.

—

MINISTÈRE DE L'AGRICULTURE, DU COMMERCE ET DES TRAVAUX PUBLICS.

———

Un modèle à l'échelle de 0,005.
N° 1251 (19) du catalogue français.

———

Description. — Les eaux minérales d'Ussat (Ariége), les bâtiments d'exploitation et leurs dépendances sont la propriété de l'hospice civil de Pamiers. L'analyse chimique les range parmi les chloro-sulfatées à base de soude, de magnésie et de chaux, à minéralisation moyenne de 1^{gr},10 à 1^{gr},50 par litre.

Les thermes d'Ussat sont assis au pied de la berge droite de la vallée de l'Ariége, à 3 kilomètres à l'amont de Tarascon, et à 22 kilomètres à l'amont de Foix, sur les alluvions qui constituent le fond de la vallée, et au bas du talus d'éboulis calcaires, fournis par de hauts escarpements des formations jurassiques inférieures.

Avant les travaux d'améliorations réalisés successivement, le service des bains d'Ussat laissait beaucoup à désirer.

Séparées du lit de l'Ariége par une zone d'alluvions perméables de 4o à 5o mètres de largeur, les eaux d'Ussat subissaient d'une manière incessante l'influence du niveau relatif de la rivière.

C'est ainsi que par les basses eaux, pendant la saison d'été, quand les malades affluaient à Ussat, les eaux minérales, plus élevées que l'étiage moyen de l'Ariége, se perdaient souterrainement vers le thalweg, à ce point que souvent leur débit est descendu à 3o ou 55 mètres cubes par vingt-quatre heures. Ce débit était insuffisant pour alimenter les baignoires, insuffisant surtout pour y permettre le renouvellement de l'eau, qui alors atteignait à peine o^m,5o à o^m,55 de hauteur au-dessus du gravier qui formait le fond de ces baignoires.

Dans ces conditions, on pouvait à peine disposer de dix-sept à dix-neuf baignoires, sur trente que renfermait le bâtiment thermal.

D'un autre côté : quand l'Ariége grossissait de manière à s'élever au-dessus du niveau des eaux minérales, il y avait épanchement inverse, au travers des alluvions, des eaux de la rivière vers les baignoires. Bientôt une nappe froide se répandait dans les baignoires, sous la couche d'eau thermale. Alors quelques bains pouvaient servir encore, mais à la condition que les malades se plaçaient sur des piles de briques mobiles, dont le sommet s'élevait au-dessus de la couche d'eau froide d'épanchement.

L'Ariége continuait-elle à s'élever, l'invasion de ses eaux

dans les bassins était complète et l'usage des eaux minérales entièrement empêché.

Améliorations. — Après une étude attentive de la question, on reconnut qu'entre l'étiage et le niveau des crues, il y avait pour la rivière un niveau intermédiaire sous l'influence duquel l'Ariége exerçait sur les eaux minérales une action de retenue, action normale sans mélange des deux eaux, mises en présence au travers des alluvions.

C'est cette situation normale qui a été rendue permanente.

Pour obtenir ce résultat, des galeries de niveau, poussées dans la berge, furent mises en communication avec un aqueduc de distribution longeant l'arrière des cabinets et communiquant avec toutes les baignoires. Ces dernières furent établies sur fond étanche. La vidange de chacune d'elles fut réunie à la vidange générale. Ces vidanges partielles et générales se composent de canaux en poterie forte d'Ollweiller avec joints en ciment de Vassy.

Ces mesures d'isolement des eaux minérales, depuis les points d'émergence jusqu'à l'issue de la vidange générale une fois prises, l'ensemble du bâtiment thermal fut isolé de l'Ariége par un barrage en béton, porté sur les alluvions, et relié, à l'aval, à la roche en place. Un canal de ceinture extérieure au barrage, de 480 mètres de développement, fut creusé dans les alluvions. Puis, au moyen d'une rigole alimentaire, prélevée sur une dérivation supérieure de l'Ariége, on entretint dans le canal de ceinture, par des prises échelonnées, un niveau égal sur tous les points. Une vanne de retenue à l'aval permet, d'ailleurs, de régler à volonté le niveau d'eau du canal, par rapport à celui des eaux minérales dans les galeries, aqueducs et baignoires. Une courte expérience peut définir le niveau normal de l'eau de ceinture, ou de pression, correspondant au maximum

de la température et de la richesse minérale des eaux thermales.

Ces mesures qui résument dans leur ensemble, mais d'une
manière permanente, l'ordre de choses que développait
l'Ariége, bien que sur une moindre échelle, à son niveau
normal de retenue, ont donné d'une manière constante
820 mètres cubes par vingt-quatre heures, au maximum
de richesse minérale, sur lesquels 520 mètres cubes à une
température de 34 à 39 degrés, et 300 de 32 à 33 degrés
centigrades.

Tels sont les résultats de la première des applications
faites à l'isolement des eaux minérales, du principe des pressions hydrostatiques réciproques.

Ces résultats ayant été consacrés par une pratique de
plusieurs années, on résolut et l'on accomplit la reconstruction des thermes d'Ussat.

Les nouveaux bains comprennent une travée de quarante
cabinets de bain, précédés d'un péristyle. Aux extrémités de
ce péristyle sont des buvettes et des pavillons spéciaux aux
douches et aux bains supplémentaires.

Les baignoires, en marbre blanc de Carrare, reçoivent
l'eau minérale par le bas et sur l'extrémité de l'une de leurs
parois latérales, et la rejettent à l'extrémité de l'autre paroi
latérale, soit par une vidange inférieure pour l'évacuation
complète des eaux admises, soit par un trop-plein à niveau
variable, pour leur renouvellement incessant. Par ces
moyens, non-seulement on change l'eau intégralement
après chaque bain, mais, pendant la durée de ce dernier,
on maintient, par écoulement constant, le renouvellement
incessant de l'eau du bain, et l'on y détermine, pour chaque
baignoire, une température invariable et facultative.

Ces conditions, nécessaires aux succès de la médication

spéciale par les eaux d'Ussat, sont remplies, depuis plusieurs
années, avec une rare facilité et avec des résultats qui déve-
loppent chaque année la prospérité de cette station.

L'amélioration des termes d'Ussat est due à M. J. François, ingénieur en chef des mines, aidé dans l'exécution des
bâtiments par M. Casimir Darrieu, architecte de l'hospice
de Pamiers.

CARTE TOPOGRAPHIQUE SOUTERRAINE

DU BASSIN HOUILLER DE VALENCIENNES ET DE MONS.

MINISTÈRE DE L'AGRICULTURE, DU COMMERCE ET DES TRAVAUX PUBLICS.

Un atlas.
Une carte d'assemblage.
N° 1251 (25) du catalogue français.

Étendue.—Cette carte, qui, après l'assemblage des trente-quatre feuilles qui la composent, occupe 8 mètres de largeur sur 4 mètres de hauteur, représente, à l'échelle de 1/10.000, tout le bassin houiller du nord de la France et de la Belgique, depuis Mons à l'est, jusqu'au département du Pas-de-Calais à l'ouest, c'est-à-dire sur 80 kilomètres de longueur et 20 kilomètres de largeur.

Construction de la carte — Pour représenter ce bassin d'une manière utile, on a supposé enlevés tous les terrains supérieurs au terrain houiller ; puis on a tracé les affleurements de toutes les couches de houille à la surface de celui-ci. Tous les puits et les sondages sont indiqués, ainsi que leurs résultats. Des cotes font connaître sur tous les points la hauteur du sol naturel au-dessus du niveau de la mer, et la profondeur du terrain houiller au-dessous du sol. Les coupes des puits, rabattues sur le plan de la carte, indiquent les inclinaisons des veines et les accidents qu'elles subissent, jusqu'à la profondeur atteinte actuellement par les travaux.

Un tableau synoptique indique la correspondance et la synonymie de toutes les couches de houille qui sont exploitées, sous des noms différents, dans les concessions appartenant aux diverses compagnies. Chaque compagnie peut ainsi se rendre compte des résultats d'ensemble fournis par ses propres travaux et par ceux des compagnies voisines.

Lorsqu'il s'agit de percer un nouveau puits, on peut étudier sur la carte le point où il faut le placer pour recouper avec le plus de certitude tel ou tel faisceau de veines; il suffit en effet de l'installer sur le prolongement de leur direction, en tenant compte des rejets notables que peuvent produire les failles et les accidents généraux. Ces failles sont fréquentes, surtout vers la limite sud du bassin, et affectent souvent les terrains sur une grande étendue; leur parcours et leur inclinaison sont indiqués sur la carte.

On peut également reconnaître dans quelle direction il faut se porter pour retrouver une couche qui disparaîtrait pendant les travaux ; on peut calculer approximativement quelle longueur de galerie à travers bancs il sera nécessaire de percer en partant d'un point donné, pour retrouver une veine qui n'est connue que dans une autre concession, et souvent à une grande distance. En un mot, cette carte détaillée peut être d'un grand secours pour résoudre les difficultés qui se présentent à chaque pas dans les travaux des mines.

Le mode de représentation employé pour les veines de houille est le plus convenable pour faire apprécier à l'œil leur forme souvent bizarre; car il se compose, ainsi qu'on le voit par ce qui précède, de la trace de la veine sur un plan de base à très-peu près horizontal, et de coupes faites, de distance en distance, perpendiculairemnt à cette trace, et rabattues sur le plan de la feuille.

À la frontière belge, un soulèvement important et peu connu a bouleversé les terrains, et avait empêché jusqu'ici de réunir nettement le bassin de Mons à celui de Valenciennes; il est représenté en détail sur la carte.

Enfin, cinq coupes générales faites sur toute la largeur du bassin, qui est de 15 à 20 kilomètres, indiquent en détail comment les divers faisceaux de couches de houille exploitées dans le pays sont subordonnées les uns aux autres, et comment chacun d'eux se divise en *dressants* et en *plateures*.

On a indiqué également les limites exactes et les épaisseurs d'une couche spéciale de terrain appelée le Torrent, qui est située immédiatement au dessus de la formation houillère, et qui, au point de vue de l'industrie des mines, présente une grande importance ; car elle forme, ainsi que son nom l'indique, un lac souterrain dont l'épuisement offre de grandes difficultés dans les puits où on le rencontre, et qu'on doit chercher à éviter.

La carte du bassin houiller de Valenciennes et de Mons a été dressée avec tous ses détails par M. Dormoy, ingénieur des mines.

V

DESCRIPTION GÉOLOGIQUE

DU DÉPARTEMENT DE LA LOIRE.

—

MINISTÈRE DE L'AGRICULTURE, DU COMMERCE ET DES TRAVAUX PUBLICS.

Un atlas.

N° 1251 (22) du catalogue français.

Analyse du travail. — La description géologique du département de la Loire est donnée par un atlas et un volume de texte, auquel viendra se joindre plus tard un autre volume qui comprendra la monographie spéciale du bassin houiller. Le résultat sommaire de ce dernier travail a été donnée d'ailleurs, dès 1847, par une carte au 1/50.000 et une série de coupes avec texte à l'appui.

La première partie du travail indique la constitution physique du département de la Loire, ou plutôt celle de tout le territoire compris entre le Rhône et l'Allier. Une carte spéciale résume les résultats de cette étude orographique. Elle montre les rapports qui rattachent la configuration du sol à sa constitution géologique. Aux pays de montagnes correspondent les terrains anciens; aux plateaux, le système carbonifère; aux plaines, les dépôts secondaires et tertiaires. On a traité également avec détail l'hydrographie du département, et surtout le régime de la Loire, représenté graphiquement, pour les années 1846 à 1855, par une planche de l'atlas.

Quelques détails sur les conditions climatériques du département de la Loire se trouvent également dans cette publication.

L'auteur passe ensuite à la description géologique proprement dite.

Une carte en deux feuilles, à l'échelle de 1/160.000, représente le département. Elle est à la fois géologique et minéralurgique. Outre les limites des divers terrains, elle donne la situation des mines, usines, fours à chaux, tuileries, etc., et en général les gîtes de tous les minéraux utiles.

Le relief du sol n'est pas figuré; mais des traits diversement tracés marquent, sur la carte, la direction des chaînes, tandis que deux planches de coupes, dressées à la même échelle, achèvent de représenter la conformation du terrain.

Dans le texte, deux chapitres sont consacrés à chaque groupe de terrains :

Le premier, essentiellement *géologique*; le second, plutôt *industriel*.

Chaque terroir est d'ailleurs étudié successivement en lui-même, ainsi que dans ses rapports avec l'orographie, l'hydrographie et les produits agricoles.

De nombreuses descriptions locales, illustrées de croquis joints au texte, complètent l'historique des diverses formations.

Comme résultats d'un intérêt géologique général, on peut spécialement citer les points suivants établis par l'auteur :

1° Les granites éruptifs du plateau central appartiennent tous à un seul et même groupe, que l'on voit surgir en masses importantes vers la fin de la période *antésilurienne*, et former ainsi la première ébauche du grand massif du centre.

2° Nulle part le système carbonifère n'est aussi complet et caractérisé d'une façon aussi nette que dans le département de la Loire. Il se compose de trois terrains sédimentaires et de trois roches éruptives. En partant du plus moderne, on les voit se succéder dans l'ordre suivant :

Eurites quartzifères, particulièrement abondantes dans la Creuse et le Morvan ;

Terrain houiller proprement dit (les *coal-measures* des Anglais) ;

Porphyres quartzifères, dont les grandes masses sont alignées sur N. 15° O. ;

Grès éminemment feldspathique à couches d'anthracite (le *mill-stone-grit* des Anglais) ;

Porphyre granitoïde, essentiellement feldspathique ;

Schistes et calcaire carbonifères.

3° Tous ces terrains, y compris le granite, ont été profondément ridés parallèlement à l'axe N. 50° O. (système du Morvan), et dès lors injectés de nombreux filons quartzobarytiques. C'est la période de formation des *arkoses* du centre.

4° Enfin, on signale les nombreuses oscillations que le plateau central a subies depuis l'origine de la période secondaire jusqu'aux temps actuels.

Le terrain anthraciteux, sillonné de porphyres, offre un intérêt particulier dans le département de la Loire; aussi l'auteur l'a-t-il représenté par plusieurs cartes spéciales, à l'échelle de 1/15.000. On peut y suivre l'allure si capricieuse des *dykes* porphyriques.

Parmi les chapitres écrits au point de vue industriel, on peut citer le quatrième, qui fait connaître en détail les anciennes mines de plomb du Forez et les exploitations d'anthracite du Roannais.

Un chapitre spécial consacré aux produits de l'époque actuelle, parle, enfin, avec détail des nombreuses eaux minérales du département de la Loire.

La carte de la Loire et le texte qui l'accompagne sont dus à M. Gruner, ingénieur en chef des mines.

La carte et le texte ont été exécutés à l'imprimerie impériale en 1857.

VI

CARTE GÉOLOGIQUE

DU DÉPARTEMENT DE LA HAUTE-MARNE.

MINISTÈRE DE L'AGRICULTURE, DU COMMERCE ET DES TRAVAUX PUBLICS.

Une carte.

N° 1251 (82) du catalogue français.

Analyse du travail. — Cette carte a été exécutée par M. Duhamel, ingénieur en chef des mines, de 1838 à 1847. Sa publication a été longtemps différée par suite du décès de M. Duhamel, qui la laissait exécutée en partie sur la carte de Cassini, en partie sur la carte de l'État-major dont les feuilles comprenant la Haute-Marne avaient paru pendant le cours de ses explorations.

M. Élie de Beaumont, membre de l'Institut, inspecteur général des mines, et M. de Chancourtois, ingénieur en chef des mines, chargés en 1852 de publier le travail de M. Duhamel, ont eu à reviser sur le terrain plusieurs parties, soit pour les transporter de la carte de Cassini à la carte de l'État-major, soit pour ajouter quelques détails rendus nécessaires par les progrès théoriques et pratiques de la géologie.

La carte de la Haute-Marne a été ainsi rapprochée de la forme sous laquelle elle prendra place dans la *Carte géologique de la France exécutée au* 1/80.000 sur la carte de l'État-major, dont MM. Élie de Beaumont et Dufrénoy ont fait figurer une première zone, celle du nord, à l'exposition de 1855, à Paris.

L'échelle des terrains établie à cet effet demanderait cependant encore à certains égards quelques subdivisions, par exemple dans le *calcaire portlandien, j'*, qui comprend à la partie supérieure, les *calcaires sableux* et l'*oolithe vacuolaire*; dans le Coralrag, *j'*, où il serait utile de distinguer les niveaux *oolithiques*; dans le *groupe de la grande oolithe, j*, où l'on intercalerait facilement les *marnes à gryphæa acuminata*; dans le *lias bleu, j*, dont la teinte embrasse un *calcaire à gryphæa obliqua* très-régulièrement développé dans cette région de la France, et si semblable au *calcaire à gryphæa arcuata* proprement dit, par ses allures comme par la forme de son fossile prédominant, que, quoiqu'il en soit séparé par une puissante assise de marnes noires passant à des marnes sableuses, et se trouve ainsi assez ordinairement accusé par une terrasse du relief topographique, le tracé de ses contours dans les régions coupées de failles exigerait encore un travail d'exploration assez considérable; enfin, dans les *marnes irisées*, où figurerait convenablement l'indication des principaux niveaux de *dolomie*.

Il y a lieu de remarquer aussi, au sujet de l'échelle des couleurs, que la teinte *e*, du *grès vert supérieur ou craie tuffeau* et *craie chloritée*, marquée parce qu'elle serait nécessaire pour la feuille n° 1 complétement coloriée, ne s'applique pas dans les limites du département auxquelles on a arrêté les tracés.

Avec l'exécution actuelle, la carte de la Haute-Marne offre un spécimen déjà satisfaisant et presque complet de cette ceinture d'affleurements, en terrasses, des cuvettes emboîtées de terrains secondaires dont Paris occupe le centre géographique et qui comprennent les nappes *aquifères* continues dont la plus élevée vient d'être atteinte pour la seconde fois par le puits artésien de Passy.

MM. Élie de Beaumont et de Chancourtois ont surtout perfectionné le tracé des accidents manifestés particuliérement par les *failles*. Ils ont ainsi établi par leurs observations, reportées à l'îlot *granitique* de Buxières-les-Belmont, la *rose des directions stratigraphiques* qui est figurée sur la feuille n° 4.

Les directions des *cercles de comparaison des soulèvements* fixés antérieurement par M. Élie de Beaumont, d'après *le réseau pentagonal*, dans sa notice sur les *Systèmes de montagnes*, transportées au centre de la rose par le calcul, après le tirage de la carte, viennent coïncider presque parfaitement avec ces résultats récents de l'observation.

En dehors de cette importante confirmation théorique, le travail supplémentaire relatif aux directions géologiques a offert une conséquence pratiquement utile. M. de Chancourtois a étendu aux *gîtes de fer* et aux *sources minérales* la loi des alignements déjà établie pour les *gypses* par M. Élie de Beaumont, et lui a reconnu une précision telle que l'on doit nécessairement en tirer le moyen de découvrir de nouveaux gîtes par des tracés géodésiques partant des gîtes déjà connus.

Les faisceaux d'alignements de la Haute-Marne se poursuivent à de grandes distances, puisque l'un des principaux va passer par les minières de Saint-Pancré dans la Moselle, et qu'un autre forme exactement l'axe des dépôts de *gypses* parisiens.

Ce n'est là qu'une conséquence particulière de la *théorie des émanations métallifères* dans ses rapports avec la *théorie des soulèvements*. Les emplacements des gîtes de *fer* ou de *gypse*, même des gîtes interstratifiés, en tant que masses exploitables à raison de la concentration de la matière adventive, ne pouvaient manquer de dépendre du réseau de fissures de la croûte du globe, qui compose un véritable craquelé nécessairement propagé par les mouvements de cette croûte à travers les couches successives des dépôts sédimentaires et que décèle d'ailleurs, malgré le modelé des érosions, une observation attentive des contours topographiques dans le champ même de la carte de la Haute-Marne.

Cette carte a été exécutée, par report sur pierre, sur la carte topographique de l'État-major, à l'imprimerie impériale, de 1857 à 1860.

VII

CARTE GÉOLOGIQUE

DU DÉPARTEMENT DE LA MEURTHE.

MINISTÈRE DE L'AGRICULTURE, DU COMMERCE ET DES TRAVAUX PUBLICS.

Une carte.

N° 1251 (24) du catalogue français.

Analyse du travail. — La carte géologique du département de la Meurthe a été exécutée sur la topographie du dépôt de la guerre, à l'échelle de 1/80.000.

Le département ne présente point de terrains *massifs* ou *d'épanchement.* Il ne renferme que *des terrains stratifiés* ou *sédimentaires,* dans lesquels on a fait vingt divisions, comme il est indiqué dans le tableau ci-après, qui montre, en même temps, leur correspondance avec les divisions, nécessairement plus larges, établies par les auteurs de la *Carte géologique de France.*

CARTE GÉOLOGIQUE DU DÉPARTEMENT DE LA MEURTHE.	CARTE GÉOLOGIQUE DE LA FRANCE.
Tuf. . . . . Tourbe. . . . . Alluvions modernes. — Diluvium des plateau et des vallées.	Tourbes et alluvions modernes. Diluvium alpin et loëss.
Calcaire corallien et à astaries. . . . . Marnes oxfordiennes.	Oolite moyenne.
Grande oolite. . . . . Oolite inférieure . . . . **MARNES supraliasiques** { supérieures. — Minerai oolitique. — Grès supraliasique. moyennes. — Marnes schisto-bitumineuses. Grès médioliasiques. . . . . inférieures. — Calcaire ocreux (à *gryphæa cymbium*). . . .	Oolite inférieure et marnes supraliasiques.
Calcaire à gryphées arquées.	Calcaire à gryphées arquées.
Grès infraliasique	Grès infraliasiques.
Gypse et dolomie supérieurs. . . . . Gypse et dolomie moyens. — Sel gemme. . . . Gypse et dolomie inférieurs (*Lettenkohle* des Allemands.	Marnes irisées.
Muschelkalk supérieur. — Groupe calcaire. . Muschelkalk inférieur. — Groupe marneux avec gypse.	Muschelkalk.
Grès bigarré.	Grès bigarré.
Grès vosgien.	Grès vosgien.
Grès rouge et argilophyre.	Grès rouge.

Les vingt divisions géologiques inscrites dans ce tableau, à l'exception des trois premières, les plus récentes, appartiennent toutes à la période *secondaire*.

Le département de la Meurthe fait partie du *bassin géologique* de Paris. Il en occupe le bord sur une petite étendue; et sa constitution géologique et orographique est déterminée par ces deux faits premiers : 1° que le rivage de l'ancienne mer parisienne était formé, là, par le terrain de *grès vosgien*, brusquement relevé de 400 mètres; 2° que les couches secondaires qui sont venues occuper ensuite le fond du bassin, se sont successivement reposées au pied de la falaise de grès vosgien, en présentant la disposition dite *à niveau décroissant*, pour exprimer que, contrairement à l'ordre normal, les couches affleurent à des niveaux qui décroissent à mesure qu'elles sont de formation plus nouvelle.

La loi qui a présidé à la distribution des différentes couches secondaires sur la surface du département de la Meurthe, est accusée de la manière la plus frappante sur la carte, par les bandes que l'on y voit diversement colorées, plus ou moins larges, dirigées environ du nord-est au sud-ouest, et échelonnées de l'est à l'ouest suivant l'échelle d'ancienneté décroissante desdites couches. Ce qui frappe aussi les yeux, c'est que les limites des principaux groupes géologiques sont en rapport avec les traits essentiels de l'orographie du département. Ainsi l'on voit, à partir de l'ouest, la ligne des *côtes de Toul* former la séparation du *calcaire corallien* et des *marnes oxfordiennes*; la ligne des *côtes de Nancy* former la séparation des terrains *oolithiques* et des terrains *liasiques*; la ligne des côtes qui régnent à Château-Salins, d'Einville et sur la rive gauche de la Moselle, en amont de Flavigny, forme la séparation du *lias inférieur* et des *marnes irisées*; et enfin la ligne de côtes qui règne à l'ouest de Lixheim, Sarrebourg, Lorquin, forme la séparation entre le *muschelkalk calcaire* et le *muschelkalk mar-*

neux. Ainsi, et surtout, la région dite de *la Montagne* est le domaine du *grès vosgien*.

Les sous-divisions qu'il a fallu faire dans les groupes géologiques de la carte générale de la France ont été établies en prenant en considération les matériaux utiles qui sont renfermés dans ses divers groupes, et il est à remarquer que plusieurs sont en rapport avec les lignes d'escarpement (1re 2e et 4e) que l'on signalait tout à l'heure.

Les sous-divisions qui ont été faites dans les *marnes supraliasiques* d'une part, dans les *marnes irisées* de l'autre, ont permis de resserrer les limites des deux zones qui renferment le *minerai de fer oolithique* et le *sel gemme*, les deux principaux éléments de la richesse minérale du département de la Meurthe.

Bien que ce département n'admette pas de terrains d'épanchement dans sa charpente essentielle, on y trouve cependant, introduites après coup à travers les couches sédimentaires, des roches ayant cette origine. Tel est le *filon de basalte* d'Essex-la-Côte, décrit pour la première fois par le docteur Gaillardot.

Dans une autre partie du département, à la *côte de Thelod*, près Nancy, l'auteur de la carte signale en outre des roches modifiées par quelque action de métamorphisme : ce sont des marnes supraliasiques, qui, loin de toute masse d'épanchement, se présentent converties en pierres résistantes, sonores, avec prismatoïdes, avec développement de *fer oxydulé* et de *talc*. Il y a même des roches qui jouissent du *magnétisme polaire*.

La carte géologique du département de la Meurthe est due à M. Levallois, inspecteur général des mines.

Elle a été exécutée à l'imprimerie impériale en 1856.

VIII

CARTE GÉOLOGIQUE SOUTERRAINE

DE LA VILLE DE PARIS.

—

VILLE DE PARIS.

Une carte,
(N° 1254 (45) du catalogue français.

Analyse du travail. — Cette carte, exécutée d'après un système nouveau, fait connaître le sous-sol jusqu'aux plus grandes profondeurs qui aient été atteintes, et elle donne non-seulement la nature des terrains, mais encore leur relief.

Comme le terrain de transport forme une sorte de manteau par-dessus le sol de Paris, on a supposé qu'il avait été enlevé, et les teintes de la carte indiquent les divers terrains qui se trouvent immédiatement au-dessous de lui. Si l'on enlève l'un après l'autre les terrains qui composent le sous-sol parisien, on découvrira successivement autant de surfaces correspondant à chacun d'eux. Ces surfaces sont représentées par des courbes horizontales qui ont la couleur du terrain auquel elles appartiennent. La surface inférieure du terrain de transport a été figurée de la même manière.

Cette carte a été dressée par M. Delesse, ingénieur des mines.

Elle a été exécutée à l'échelle de 15 millimètres pour 100 mètres, par M. Avril, graveur lithographe, et imprimée en chromolithographie, chez Ch. Lemercier, imprimeur.

IX

CARTE HYDROLOGIQUE DE LA VILLE DE PARIS.

—

VILLE DE PARIS.

Une carte.

N° 1251 (46) du catalogue français.

Analyse du travail. — Les nappes d'eau souterraines qui existent au-dessous de Paris sont figurées sur cette carte. Leurs formes et leur mode d'écoulement sont indiqués par des courbes horizontales distantes de 1 mètre. Des cotes nombreuses marquent le niveau de l'eau dans les puits ordinaires, ainsi que dans les puits forés. En outre, les eaux provenant des différentes nappes ont été essayées avec l'hydrotimètre de MM. Boutron et Boudet, et le nombre de degrés obtenus, qui représente leur dureté, est inscrit sur la carte à la place où l'eau a été puisée.

La nature des terrains qui sont baignés par les nappes d'eau souterraines est indiquée par des teintes spéciales qui correspondent à ces divers terrains; plusieurs coupes géologiques se trouvent au bas de la carte.

Cette carte, comme la précédente, est due à M. DELESSE, ingénieur des mines.

Elle a été exécutée à l'échelle de 15 millimètres pour 100 mètres, par M. Avril, graveur lithographe, et imprimée en chromolithographie, chez M. Lemercier, imprimeur.

X

CARTE AGRONOMIQUE

DE L'ARRONDISSEMENT DE TOUL (MEURTHE).

—

MINISTÈRE DE L'AGRICULTURE, DU COMMERCE ET DES TRAVAUX PUBLICS.

Une carte.
Nº 1291 (20) du catalogue français.

Analyse du travail. — En 1852, la plus grande partie des cartes géologiques départementales étant terminée, les préfets furent invités à entretenir les conseils généraux de l'utilité des cartes agronomiques et des avantages qui devaient résulter pour l'agriculture de leur exécution, avantages de tous points comparables à ceux que les premières avaient procurés, au point de vue des recherches industrielles. Le conseil général de la Meurthe accueillit avec empressement cette proposition et, vers la fin de l'année 1853, l'exécution de la carte agronomique de ce département fut décidée.

La carte de l'arrondissement de Toul fut terminée dès le commencement de 1858; mais le texte ne fut publié que dans le courant de 1860; ce fut le premier travail de ce genre paraissant en France avec tous les développements qu'il comportait.

Dans une introduction placée en tête du texte explicatif

de la carte de Toul, l'auteur s'attache à assigner aux cartes agronomiques leur véritable but. Dans la plupart des traités d'agriculture, le sol arable dont elles doivent s'occuper d'une manière spéciale a été envisagé, quant à son origine, sous le point de vue le plus erroné. On a supposé qu'il résultait d'une altération des roches vives sous-jacentes, produite par des causes mécaniques ou chimiques. S'il en était ainsi, les cartes agronomiques, seconde édition à peine modifiée des cartes géologiques, seraient sans objet. Mais cette manière de voir purement théorique est contredite par les faits. L'observation montre en effet que, dans la plupart des cas, la partie superficielle de l'écorce terrestre est occupée par des dépôts de matériaux incohérents, ne pouvant dériver du sous-sol par voie de décomposition, et constituant de véritables formations indépendantes de celles auxquelles elles sont superposées. La terre végétale empruntant ses principaux éléments à ces dépôts meubles, il en résulte que c'est à déterminer leur nature et à les circonscrire que doit s'attacher l'agronome, qui veut introduire des divisions rationnelles dans le sol arable d'une contrée. Une pareille étude suit naturellement une marche parallèle aux études géologiques ; elle s'en distingue toutefois d'une manière bien nette par l'objet sur lequel elle s'exerce. La raison d'être des cartes agronomiques est tout entière dans cette distinction capitale.

C'est elle qui a servi de point de départ et de base à la carte agronomique de l'arrondissement de Toul.

Tel est l'exposé des principes qui ont guidé l'auteur dans son travail. Quelques mots sont nécessaires pour faire connaître le système de notation adopté. La carte du dépôt de la guerre a été choisie pour y consigner les observations agronomiques recueillies dans le pays Toulois,

Une carte agronomique devant exprimer trois choses : le sol, le sous-sol et les cultures, on a pensé que la nature du sol arable était ce qu'il importait le plus de faire ressortir, et c'est pourquoi l'auteur a choisi, pour mettre en évidence les divisions qu'il adoptait, les teintes plates qui, sur une carte coloriée, sont ce qui frappe davantage les yeux. Chacune des grandes classes de terre végétale admises par l'auteur se trouve indiquée sur la carte par une couleur particulière.

On n'a introduit dans le sous-sol que deux grandes divisions : à la première appartiennent les terrains perméables ; à la seconde ceux qui, au contraire, retiennent les eaux météoriques. L'un et l'autre sont figurés sur la carte par des hachures horizontales également espacées, mais de couleurs différentes ; de telle sorte qu'il suffit d'y jeter un coup d'œil pour reconnaître de suite les terrains auxquels l'opération si importante du drainage peut être appliquée avec fruit, et ceux dans lesquels elle ne produirait aucun résultat.

Pour les cultures, on a conservé les notations propres aux terres labourables et aux bois qui figurent déjà sur la carte de l'état major. Mais trois grandes divisions du sol cultivé : les prairies, les vignes et les terres vaines, ont paru ne point ressortir assez et devoir être mises en évidence au moyen de signes particuliers. Elles sont figurées sur la carte par des hachures verticales, suffisamment serrées et de nuances différentes. On n'a pas eu à s'occuper des cultures industrielles, qui ne tiennent dans l'arrondissement de Toul qu'une place insignifiante.

La carte fait également connaître, au moyen de signes conventionnels pour l'explication desquels on renvoie à la légende, les carrières ouvertes et les divers gîtes d'amendements.

Le texte explicatif, complément indispensable de la carte, est divisé en six chapitres.

Le premier contient une description orographique de l'arrondissement.

Dans le second, l'auteur fait connaître sommairement le climat.

Le troisième chapitre, de beaucoup le plus important, est divisé en un nombre de paragraphes égal à celui des espèces de terre végétale distinguées par l'auteur. Chacun d'eux renferme des essais et des analyses de sols empruntés aux divers points de l'arrondissement, et, tout en motivant les divisions adoptées, on met ainsi en évidence la composition typique de l'espèce.

Le quatrième chapitre est consacré aux cultures : leur répartition dans l'arrondissement, le système agricole qui y est suivi, les améliorations dont il est susceptible, sont les principaux points qui s'y trouvent traités.

Dans le cinquième chapitre sont réunies quelques indications accessoires, mais qui sont loin d'être sans importance pour l'agriculture ; elles sont principalement relatives à la population, aux propriétés bâties, aux matériaux de construction, aux eaux et aux voies de communication.

Le sixième chapitre, enfin, renferme une statistique agricole du pays Toulois, dont tous les éléments ont été contrôlés sur place.

La carte agronomique et son texte, dont on vient de donner un aperçu, sont dus à M. E. Jacquot, ingénieur en chef des mines.

La carte et le texte ont été exécutés à l'imprimerie impériale en 1860.

La carte est à l'échelle de 1/80.000.

NEUVIÈME SECTION.

TRAVAUX DE LA VILLE DE PARIS.

I

CARTE DES ÉGOUTS COLLECTEURS.

—

VILLE DE PARIS.

Une carte. — Un atlas.
N° 1231 (35) du catalogue français.

———

Objet. — En construisant les collecteurs l'administration municipale a voulu faire disparaître les inondations qui désolaient les quartiers bas à chaque grande averse, et purifier les eaux de la Seine qui étaient de plus en plus infectées par les eaux d'égout.

Historique. — Dès le xv° siècle les eaux des quartiers de la rive droite tombaient dans le ruisseau de Ménilmontant qui lui-même se déchargeait en Seine au pontceau de Chaillot, c'est-à-dire à l'aval de Paris.

Le ruisseau de Ménilmontant, autrement dit le grand égout de ceinture, était donc un véritable collecteur.

Mais les débordements de ce ruisseau, qui jusqu'au xviiie siècle avaient peu d'inconvénients, parce que la plaine qu'il traversait était peu peuplée, devinrent un véritable fléau lorsque les cultures maraîchères furent remplacées par les luxueuses constructions des quartiers de la Madeleine, de la Chaussée-d'Antin et des Champs-Élysées.

Depuis 1830 on a cherché a remédier au mal, mais les moyens employés ont été insuffisants jusqu'à ces dernières années.

Les deux galeries de Belleville et de Montmartre, qui ont été construites sous les boulevards extérieurs, pour conduire à l'aval de Paris, dans l'égout de la plaine Saint-Denis, les eaux des points culminants de la rive droite et suppléer à l'égout de ceinture, avaient une section beaucoup trop petite pour débiter seules les eaux qu'elles étaient appelées à recevoir ; elle ne diminuèrent pas sensiblement les débordements du grand égout de ceinture.

En 1830, MM. Girard et Duleau firent adopter à la ville le principe de décharger le grand égout au moyen de nombreuses et longues lignes d'égout descendant directement à la Seine. Mais le remède n'était pas sans inconvénient, et l'égout de ceinture était toujours insuffisant, comme le prouva l'inondation du 21 mai 1857.

L'égout de la rue de Rivoli, destiné à servir de collecteur pour tous les égouts de la rive droite dont les eaux se déchargeaient directement dans le fleuve, avait aussi une section insuffisante ; de plus il était trop élevé pour assainir le quartier des halles et du Marais ; il débouchait en Seine à la place de la Concorde et infectait les eaux du fleuve dans l'intérieur de la ville ; l'altitude de son radier ne permettait pas de le prolonger au delà sans le rendre submersible à la moindre crue.

L'administration municipale fit étudier un projet d'ensemble des égouts de Paris, en admettant en principe que toutes les rues seraient pourvues de galeries assez grandes pour recevoir non-seulement les conduites d'eau, mais encore celles de gaz, si plus tard on peut prévenir les explosions, et même un réseau complet de tuyaux destinés à conduire hors de la ville les liquides des fosses d'aisances. En outre, les branchements qui reliaient les maisons aux galeries de la voie publique devaient recevoir les eaux pluviales et ménagères, les conduites particulières d'eau, de gaz et d'eaux vannes, et être assez spacieux pour laisser passer des tinettes-filtres destinées à recevoir dans la fosse les matières fécales solides et supprimer ainsi la vidange à ciel ouvert. (Voir le premier mémoire de M. le préfet, du 4 août 1854.)

Un premier projet fut présenté à l'administration municipale le 31 décembre 1855. Les dépenses s'élevaient au chiffre considérable de 135 millions de francs. Diverses raisons le firent repousser.

Projets actuels. — Le projet fut renvoyé à l'ingénieur en chef des égouts qui fit une nouvelle étude d'ensemble sur des bases toutes différentes : le réseau actuel des égouts existants fut presque entièrement conservé, la longueur des collecteurs fut considérablement diminuée, et les dépenses furent réduites à 58 millions de francs.

On admit, comme base du nouveau système, un collecteur général qui porterait en Seine, à l'aval de Paris, la plus grande partie des eaux du réseau des égouts.

On proposa de profiter du long repli que fait la Seine au nord de Paris, entre Sèvres et Saint-Denis, pour faire passer le collecteur général en souterrain, sous le promontoire de Monceaux, et le jeter en Seine à l'aval du pont d'Asnières, à $1^m,70$ au-dessus des basses eaux du fleuve, tout en lui conservant une pente totale de $2^m,50$ sur une longueur de 5 kilomètres, depuis la place de la Concorde jusqu'au pont d'Asnières.

L'administration municipale adopta la solution proposée, et il fut décidé que toutes les eaux de la rive droite seraient dirigées vers une grande galerie longeant la rue Royale, le boulevard Malesherbes, passant en souterrain sous le promontoire de Monceaux et débouchant en Seine à l'aval du pont d'Asnières.

Les eaux de la rive gauche doivent être dirigées dans le collecteur général par un siphon passant sous la Seine en amont du pont de la Concorde.

Telles sont les bases du nouveau projet d'assainissement de Paris.

Principaux tributaires du collecteur général. — Les égouts collecteurs secondaires sont les suivants :

Rive droite. — 1^a Le collecteur de la Villette, destiné à intercepter les eaux de Belleville avant leur entrée dans l'ancien Paris, suivant les boulevards extérieurs depuis l'ancienne barrière Fontarabie jusqu'à la route d'Allemagne, puis cette dernière rue et celles de Marseille, de Bordeaux et débouchant dans le grand égout de la plaine Saint-Denis.

2^a Le collecteur des coteaux de la rive droite partie est, longeant le thalweg de la petite vallée comprise entre ces coteaux et l'éminence des boulevards, à partir du carrefour de la rue Popincourt et du boulevard du Prince-Eugène, suivant le quai Jemmapes, passant sous le canal Saint-Martin, longeant les rues de la Douane, du Château-d'Eau, des

Petites-Écuries, Richer, Faubourg-Montmartre, Saint-Lazare et de la Pépinière. Cet égout débouche dans le collecteur général au carrefour de la rue de la Pépinière et du boulevard Malesherbes.

3° Le collecteur des coteaux de la rive droite, partie ouest, partant de l'ancienne barrière Sainte-Marie à Passy, longeant les coteaux de Chaillot et du Roule en suivant les rues d'Angoulême et de la Pépinière et débouchant dans le collecteur général au boulevard Malesherbes.

4° Le collecteur des Petits-Champs suivant le thalweg de la petite vallée bordée au nord par les éminences des boulevards intérieurs et au sud par les buttes des Moulins et de la place des Victoires. Cette galerie part de la rue Vivienne, suit les rues Neuve-des-Petits-Champs, Neuve-des-Capucines, et tombe dans le collecteur général sur la place de la Madeleine.

5° L'égout de Rivoli, qui prend les eaux de l'ancien quartier du Marais, au val Sainte-Catherine, aux rues Vieille-du-Temple, du Temple, Saint-Martin, Saint-Denis, et suit la dépression comprise entre les buttes de la halle au blé, de la place des Victoires, des Moulins et le bourrelet des quais, et débouche dans le collecteur général à la place de la Concorde.

6° Le collecteur de Saint-Mandé et des quais de la rive droite, côté est, qui prend les eaux du ruisseau de Saint-Mandé entre l'avenue de Vincennes et la route de la Grande-Pinte, suit cette dernière route jusqu'au boulevard de Vincennes, emprunte le tracé de cette voie, du boulevard Mazas et des quais jusqu'à la place de la Concorde.

7° Le grand égout de Sébastopol, rive droite, construit sous la contre-allée de ce boulevard depuis la rue du Château-d'Eau et le collecteur des quais. En temps ordinaire cette galerie reçoit les eaux de la partie du Marais trop basse pour déboucher dans l'égout de Rivoli, celles du quartier des halles, etc. En temps d'averse, il décharge directement en Seine le trop-plein du collecteur des coteaux, et rend impossible la submersion de la vallée de l'ancien ruisseau Ménilmontant.

Rive gauche. — La disposition topographique de la rive gauche est bien plus simple que celle de la rive droite. On n'y trouve, à proprement parler, que deux thalwegs bien prononcés, celui de la Bièvre et celui de la rue de Sèvres. Il n'y aura donc que deux lignes de collecteurs :

8° Collecteur de la Bièvre et des quais, rive gauche, qui prendra la Bièvre aux fortifications, la dirigera vers les quais en contournant la montagne Saint-Geneviève, et longera la Seine jusqu'aux fortifications. Cet égout se déchargera, en temps sec, dans l'égout d'Asnières en passant sous la Seine par le siphon de la Concorde.

9° Collecteur de la rue de Sèvres et du boulevard de l'Alma prenant toutes les eaux qui convergent vers la petite vallée comprise entre les coteaux de Montrouge et les éminences Saint-Germain-des-Prés et des Invalides. Cette galerie suit la rue de Sèvres et le boulevard de l'Alma et se décharge dans le collecteur des quais.

Elle est complétée par un égout suivant le thalweg en sens inverse par les rues du Four, de Bucy et Saint-André-des-Arts et tombant dans le collecteur des quais au boulevard de Sébastopol (rive gauche).

Ces grandes galeries se complètent par les égouts secondaires suivants :

10° Les restes de l'égout de ceinture construit par Turgot;

11° Déversoir en Seine du collecteur n° 3, des coteaux de la rive droite, par le boulevard Contrescarpe.

12° De l'égout n° 5, construit sous la contre-allée des nu méros impairs du boulevard du Prince-Eugène entre la place du Trône et la rue Popincourt.

État d'avancement des travaux. — Voici l'énumération des collecteurs construits au 51 décembre 1861 :

		Longueur.
1°	Le collecteur général, achevé.	5.180
2°	Le collecteur général de la Villette construit dans toute la longueur de la rue de Bordeaux.	525
3°	Le collecteur des coteaux de la rive droite, achevé en partie.	5.050
4°	Le collecteur des Petits-Champs achevé	1.204
5°	L'égout Rivoli achevé.	5.786
6°	Le collecteur des quais rive droite, construit entre le boulevard de Sébastopol et le collecteur général sur une longueur de.	2.189
7°	Le grand égout de Sébastopol, achevé.	1.792
8°	Le collecteur des quais rive gauche, égout de la Bièvre construit entre la rue Saint-Jacques et le pont de l'Alma et en outre dans la partie souterraine sous la rue Saint-Victor.	5.475.
9°	Grand égout de Ceinture construit au xviii° siècle, par Turgot, partie non comprise dans les collecteurs qui précèdent.	4.551
10°	Déversoir en Seine du collecteur n° 3 par le boulevard Contrescarpe, achevé.	1.040
11°	Egout du boulevard du Prince Eugène, tête du collecteur n° 5 achevé.	1.024
	Longueur totale des égouts collecteurs construits.	30.465

La construction de ces grandes galeries a présenté de nombreuses et sérieuses difficultés. Il a fallu ouvrir des tranchées larges et profondes dans des rues étroites en y maintenant la circulation des piétons et le service de l'eau et du gaz.

Le collecteur général et les collecteurs n°° 3 et 5, ont été construits dans la nappe d'eau des puits et dans un sable aussi fluide que l'eau elle-même. Une méthode toute nouvelle a été appliquée pour vaincre cette dernière difficulté qui paraissait insurmontable.

Le service général d'assainissement de Paris fait partie
du service municipal des travaux publics, dont la direction
est confiée à M. Michal, inspecteur général des ponts et
chaussées. Le service d'assainissement est dirigé par M. Belgrand, ingénieur en chef des ponts et chaussées, qui a sous
ses ordres MM. Rozat de Mandres et Vallée, ingénieurs des
ponts et chaussées.

II

COLLECTEUR GÉNÉRAL D'ASNIÈRES.

—

VILLE DE PARIS.

Un modèle à l'échelle de 0,04.
N° 1251 (39) du catalogue français.

Tracé, dimensions. — Le collecteur général a été construit pendant les années 1857 et 1858; il fonctionne régulièrement depuis le 10 mars 1859 et reçoit dès aujourd'hui la plus grande partie des eaux de la rive droite. Il part de la place de la Concorde et suit la rue Royale, le boulevard Malesherbes, passe en souterrain sous le promontoire de Monceaux et débouche en Seine à l'aval du pont d'Asnières. Il a une longueur de 5.182 mètres sur lesquels 2.828 mètres ont été exécutés en souterrain; sa pente totale entre son point de départ et le débouché dans le fleuve est de 2^m,50.

Les dimensions intérieures sont :

Largeur à la naissance. . . . . 5^m,60
Hauteur sous clef au-dessus des banquettes . . . . 3 ,25
Profondeur de la cunette. . . . . 1 ,55
Ce qui donne 4^m,10 de hauteur totale sous clef
Largeur de la cunette . . . . 3 ,50
Largeur de chaque banquette à côté de la cunette . . . . . . 0 ,90

La forme extérieure des maçonneries de l'égout est celle d'une ellipse dont le grand axe est placé dans le sens de la plus grande largeur, avec appendices correspondant aux pieds-droits. L'épaisseur des maçonneries est de $0^m,50$ à la clef et de $0^m,80$ à la naissance. Le radier a $0^m,40$ d'épaisseur. La cunette et les banquettes ont été recouvertes d'un enduit en ciment de $0^m,03$ d'épaisseur ; les parois intérieures des pieds-droits et l'intrados de la voûte sont de même recouverts d'un enduit uni de $0^m,015$ d'épaisseur.

Une chape en mortier de $0^m,04$ d'épaisseur recouvre l'extrados de la voûte.

Dans la partie en souterrain on a substitué le ciment à la chaux hydraulique en réduisant notablement les épaisseurs. De 200 mètres en 200 mètres, on a ménagé, sur la longueur et de chaque côté de l'égout, dans la partie construite à ciel ouvert, des regards de sauvetage pour les ouvriers. Dans la partie en souterrain, les puits espacés de 200 mètres ont été utilisés pour le même objet, en ménageant au-dessus de la voûte de l'égout une chambre communiquant par deux regards de chaque côté de la galerie. Les regards et puits sont munis d'échelles en fer fixées dans la maçonnerie.

Le mètre linéaire d'égout construit en souterrain revient à 847 fr.

Le mètre linéaire d'égout construit à ciel ouvert a coûté, 579 fr.

Bateau-vanne. — Le nettoyage de l'égout se fait au moyen du bateau-vanne qui se compose d'un bateau de forme ordinaire construit en tôle, et d'une vanne mobile ayant le gabarit de la cunette placée en avant du bateau ; la vanne peut, au moyen d'engrenages, être placée dans la cunette pour faire le nettoyage ou rabattue sur le bateau. Le bateau est dirigé à l'arrière par deux guides mobiles qui le maintiennent dans l'axe de la cunette lorsque la vanne est relevée. Une forte lampe placée sur le bateau éclaire les ouvriers dans leur travail.

Le nettoiement de l'égout s'opère de la manière suivante :

On descend la vanne dans la cunette ; l'eau de l'égout s'accumule en arrière et forme un remous de $0^m,15$ à $0^m,30$ qui suffit, par la pression qui en résulte sur la vanne, pour mettre en mouvement tout l'appareil ; les immondices s'accumulent à l'aval et formeraient bien vite un barrage qui en arrêterait la marche, si l'eau en s'échappant avec violence par les vides compris entre la vanne et les parois de la cunette et par de petites ouvertures ménagées à cet effet dans la vanne, n'allongeait les sables et les vases en bancs de 60 à 200 mètres de longueur et ne les faisait marcher devant le bateau, absolument comme le vent fait marcher les sables des dunes. La marche de l'appareil est extrêmement lente ; il faut de huit à vingt jours à un seul bateau pour parcourir les 5 kilomètres du collecteur général. On augmente la vitesse du nettoiement en multipliant, suivant la saison, le nombre des bateaux.

Afin de pouvoir remonter le bateau on a disposé de 600 mètres en 600 mètres des écluses, ou barrages mobiles, placés sous les chambres de sauvetage. L'écluse se compose d'une vanne qui épouse la forme de la cunette, de deux bielles mobiles fixées par une extrémité dans la banquette, et par l'autre, assemblées avec la vanne par une charnière, et d'un treuil fixe placé dans la chambre de sauvetage ; une chaîne en fer enroulée sur le treuil vient s'adapter sur la tête de la vanne. En manœuvrant le treuil, un seul ouvrier soulève la vanne à volonté jusqu'à la voûte, et comme elle est mobile sur ses deux charnières aux extrémités des bielles, elle se placerait suivant le courant de l'eau, s'il survenait une crue qui remplît l'égout. Dans sa position de service deux chaînes fixées aux tourillons des bielles dans la banquette la maintiennent dans une position à peu près verticale. On obtient facilement $0^m,5o$ à $o^m,6o$ de hauteur d'eau dans la cunette, ce qui permet au bateau de remonter l'égout.

Ces travaux ont été exécutés sous les ordres de M. Belgrand, ingénieur en chef des ponts et chaussées, par M. Delaperche, ingénieur des ponts et chaussées (aujourd'hui ingénieur en chef).

III

GALERIE DE SÉBASTOPOL

ET SES ACCESSOIRES.

VILLE DE PARIS.

Un modèle à l'échelle de 0,04.
N° 1251 (38) du catalogue français.

Tracé, dimensions. — La grande galerie d'égout du boulevard de Sébastopol (rive droite), a été construite de 1855 à 1858 sous une des contre-allées de ce boulevard, depuis le boulevard Saint-Denis jusqu'à la Seine, au quai de la Mégisserie. Elle se prolonge sous le boulevard de Strasbourg jusqu'à la rue du Château-d'Eau, où elle rencontre le collecteur des coteaux de la rive droite. En temps ordinaire, cette galerie sert de collecteur à la plaine basse connue sous le nom du Marais; en temps d'averse, elle décharge directement en Seine le trop-plein du collecteur des coteaux et rend impossibles les submersions, autrefois si fréquentes, de la vallée de l'ancien ruisseau de Ménilmontant.

Elle est, en outre, destinée à recevoir les deux plus

grosses conduites de la distribution d'eau d'Ourcq et de source.

La longueur de la galerie est de 1.547 mètres.

Les dimensions dans œuvre sont les suivantes :

Largeur à la naissance. . . . . 5^m,20
Hauteur sous clef au-dessus des banquettes. . . . . 5 ,65
Les banquettes qui règnent de chaque côté de la cunette ont
    de largeur. . . . . 1 ,80

La cunette, dont les angles sont garnis de rails, a 1^m,20 de largeur ; sa profondeur, de 0^m,62, était de beaucoup trop faible, elle a été doublée et portée l'année dernière à 1^m,30.

La voûte, intérieurement, forme un plein cintre dont la courbure se prolonge à 1^m,20 au-dessous des naissances jusqu'aux banquettes. L'épaisseur des maçonneries à la clef est de 0^m,50 et aux naissances de 0^m,90.

Le parement intérieur de l'égout est en meulière smillée.

La cunette et les banquettes sont recouvertes d'un enduit en mortier de ciment de 0^m,03 d'épaisseur.

Les regards placés sur l'axe de la voûte sont espacés de 50 mètres.

Les bouches d'égout qui reçoivent les eaux de la voie publique sont espacées de 100 mètres. Le branchement, qui ici est très-court, a 2 mètres de hauteur sous clef et 0^m,80 de largeur à la naissance.

Le mètre linéaire de grande galerie, établie avec l'ancienne cunette de 0^m,62 de profondeur, revient à 662 fr.

Égouts particuliers. — Toutes les maisons de Paris dans les rues pourvues d'égouts doivent être mises en communication par un branchement particulier avec l'égout de la voie publique. Ce branchement qui, a 2^m,30 de hauteur sous clef et 1^m,30 de largeur aux naissances, est destiné à recevoir les tuyaux des eaux pluviales et ménagères des maisons; on peut aussi y placer une tinette-filtre de la capacité d'un hectolitre qui remplace les anciennes fosses d'aisances. Les solides restent dans la tinette, les liquides sont conduits à l'égout par un tuyau qui débouche dans une cuvette à fermeture hydraulique; cette cuvette intercepte les courants d'air de l'égout à la maison. L'enlèvement de la tinette-filtre doit se faire par les égouts.

Ce branchement reçoit aussi la conduite d'eau particulière.

Wagon-vanne. — Le nettoiement de l'égout se fait au moyen du wagon-vanne. Le wagon-vanne est formé d'un petit châssis portant une vanne mobile sur tourillon qui, au moyen d'un treuil, peut être descendue dans la cunette où elle forme barrage. L'eau qui s'accumule en arrière sort avec force par des ouvertures ménagées à cet effet et chasse les sables et les vases.

Le nettoiement de l'égout s'opère absolument par la méthode que l'on a décrite pour le bateau-vanne du collecteur général.

Conduite d'eau. — La grande galerie du boulevard de Sébastopol n'est encore garnie que d'une des deux grosses conduites d'eau qu'elle doit recevoir : celle d'eau d'Ourcq de $0^m,80$ de diamètre.

Elle est formée par des tuyaux en fonte assemblés entre eux par des joints à bague, et posés sur des colonnettes en fonte qui sont scellées dans la maçonnerie de la banquette. Des agrafes en fer fixées à la voûte et aux pieds-droits atténuent les secousses produites par les coups de bélier.

Cette grosse artère alimente les conduites secondaires comme celle des rues de Cléry, Saint-Denis, de Rambuteau, du quai de Gèvres, etc.; mais pour l'alimentation du service public et des maisons particulières le long de son parcours, on a disposé au-dessus une conduite en fonte de $0^m,10$ de diamètre, qui s'y relie de 500 mètres en 500 mètres, de telle sorte que les prises d'eau peuvent être faites sans interrompre le service général.

Égout de l'autre contre-allée du boulevard de Sébastopol. — Dans toutes les rues qui ont plus de 20 mètres de largeur, on doit construire un égout sous chaque trottoir afin de diminuer la longueur des égouts particuliers. C'est pour cette raison qu'il existe un second égout sous l'autre trottoir du boulevard. Il a $2^m,15$ de hauteur sous clef et $1^m,50$ à la naissance.

Le mètre linéaire de cette petite galerie revient à 119 fr.

Ces travaux ont été exécutés sous les ordres de M. Belgrand, ingénieur en chef des ponts et chaussées, par M. Rousselle, ingénieur des ponts et chaussées.

IV

CARTE DE LA DISTRIBUTION DES EAUX

DANS PARIS.

—

VILLE DE PARIS.

Une carte.

N° 1251 (39) du catalogue français.

Origine des eaux. — La ville de Paris est aujourd'hui alimentée en eau de provenances diverses, formant un volume de 155.000 mètres cubes par vingt-quatre heures, savoir :

Eau du canal de l'Ourcq.	105.000 mèt. c.
Eau de Seine.	45.800
Eau des sources d'Arcueil, des prés Saint-Gervais et de Belleville.	1.500
Eau du puits de Grenelle.	700

Répartition des eaux. — Ce volume d'eau est réparti de la manière suivante :

Sont affectés au service privé.	60.000 mèt. c.
Id. au service public.	46.400
Id. aux établissements de l'État, de l'assistance publique, au bois de Boulogne.	50.000
Restent disponibles.	16.000
Total.	155.000 mèt. c.

La distribution des eaux est faite au moyen de 8 établissements hydrauliques, contenant 21 machines à vapeur puisant l'eau dans la Seine. Ce service emploie en outre :

> 5 grands réservoirs d'eau d'Ourcq qui, avec le bassin de la Villette, contiennent 200.000 mètres cubes d'eau.
>
> 9 réservoirs d'eau de Seine contenant ensemble 51.500 mètres cubes d'eau.
>
> 50 fontaines marchandes.
>
> 50 — publiques.
>
> 27 fontaines monumentales.
>
> 754.852 mètres courants de conduites publiques.
>
> 1.207 bornes-fontaines.
>
> 1.174 bouches sous trottoirs.
>
> 182 poteaux ou boîtes d'arrosement.
>
> 34 bornes-fontaines à repoussoir.
>
> 41 coffres d'incendie.
>
> 65 bureaux de stationnement de voitures.
>
> 83 urinoirs à effet d'eau.
>
> Et 20.948 mètres courants de conduites particulières desservant les maisons.

Les 754.852 mètres courants de conduite se répartissent suivant les diamètres ci-après :

Conduite de 1 mètre de diamètre			1.385 mètres.
Id.	0m,92	id.	2.644 —
Id.	0 ,80	id.	1.500 —
Id.	0 ,60	id.	1.601 —
Id.	0 ,50	id.	27.213 —
Id.	0 ,40	id.	13.342 —
Id.	0 ,35	id.	12.590 —
Id.	0 ,325	id.	13.571 —
Id.	0 ,30	id.	29.140 —
Id.	0 ,25	id.	45.875 —
Id.	0 ,210	id.	16.369 —
Id.	0 ,200	id.	5.722 —
Id.	0 ,162	id.	68.107 —
Id.	0 ,150	id.	5.582 —
Id.	0 ,135	id.	55.116 —
Id.	0 ,108	id.	69.959 —
Id.	0 ,100	id.	77.169 —
Id.	0 ,081	id.	193.391 —
Id.	0 ,060	id.	135.605 —
Id.	0 ,044	id.	4.221 —
		Total	754.852 mètres.

Aujourd'hui on n'emploie que les diamètres de conduites indiqués ci-après, dont le prix de revient posé en égout est placé en regard.

Conduite de 0ᵐ,10 de diamètre — prix	. . . . . .	9,17
Id.	0 ,15	id.	15,74
Id.	0 ,20	id.	18,19
Id.	0 ,25	id.	22,71
Id.	0 ,30	id.	27,75
Id.	0 ,35	id.	33,51
Id.	0 ,40	id.	39,05
Id.	0 ,50	id.	51,26
Id.	0 ,60	id.	66,71
Id.	0 ,80	id.	101,42
Id.	1 ,00	id.	133,48
Id.	1 ,10	id.	164,95

Le service des eaux de Paris, fait partie du service municipal, placé sous la direction de M. Michal, inspecteur général des ponts et chaussées, directeur du service municipal des travaux de Paris, il est confié à M. Belgrand, ingénieur en chef des ponts et chaussés, ayant sous ses ordres MM. Rozat de Mandres et Vallée.

V

RÉSERVOIR DE PASSY.

VILLE DE PARIS.

Un modèle à l'échelle de 0,04.

N° 1451 (29) du catalogue français.

Description. — Les réservoirs de Passy, construits pour le service des eaux au point culminant de Passy le plus rapproché de Chaillot, ont le double but de faire travailler les machines à vapeur élévatoires, qui sont à simple effet, à une pression constante, et de régulariser la distribution des eaux de Seine dans Paris au moyen d'un approvisionnement qui peut s'élever à 37.100 mètres cubes.

La capacité de 37.100 mètres cubes est la somme de cinq compartiments, trois inférieurs dont le radier repose sur le sol, et deux supérieurs ou superposés à deux des compartiments inférieurs.

L'un des bassins supérieurs est principalement destiné au service du bois de Boulogne.

Le terrain occupé par les réservoirs compris entre les rues des Bassins, du Bel-Air et de Villejust n'est pas régulier; les murs des réservoirs ne se rencontrent pas à angle droit;

la plus grande longueur de la rue des Bassins à la rue Villejust est coupée par un mur de refend qui sépare les deux bassins inférieurs, contenant respectivement 10.000 et 11.500 mètres cubes d'eau, et un troisième bassin de 3.900 mètres cubes de capacité, placé dans une retraite du terrain, dont il suit à peu près les contours. Ce dernier bassin est une réserve en cas d'incendie; il doit toujours rester plein.

Au-dessus des deux plus grands bassins inférieurs on a construit deux autres bassins, l'un de 5.700 et l'autre de 6.200 mètres cubes de capacité.

Les deux réservoirs inférieurs sont couverts au moyen de voûtes d'arête en plein cintre de $5^m,20$ d'ouverture, supportées par des piliers de 1 mètre de côté à la base, se réduisant à $0^m,80$ au sommet; les piliers sont ainsi espacés de 4 mètres d'axe en axe. Les voûtes ont $0^m,35$ à la clef et $0^m,40$ aux naissances; elles forment radier pour les réservoirs supérieurs. La hauteur de l'eau dans les bassins inférieurs est de 5 mètres; il reste pour les deux bassins couverts, entre le niveau de l'eau et le sommet des voûtes, un vide de $0^m,40$.

Dans les bassins supérieurs, la hauteur de l'eau est de $2^m,60$; son niveau est maintenu à $0^m,17$ en contre-bas du couronnement des murs de pourtour.

L'un des bassins supérieurs est couvert au moyen d'une toiture formée de voûtes d'arête surbaissées au vingtième, formées de deux rangs de briquettes posées à plat avec mortier de ciment et reposant sur de petits piliers carrés de $0^m,36$ de côté en briques et mortier de ciment montés à l'aplomb des piliers du réservoir. Ces voûtes ont environ $0^m,08$ d'épaisseur, chape comprise.

L'autre bassin supérieur, spécialement destiné au service du bois de Boulogne, est resté découvert.

Un escalier en fonte, placé dans une tour, descend jusqu'au radier du compartiment inférieur; on descend de la même manière dans les compartiments supérieurs.

Les eaux de la Seine, montées par les machines de Chaillot, arrivent au réservoir par deux conduites de refoulement de $0^m,60$ de diamètre, et sont réunies dans une bâche unique placée au sommet du mur de refend; des tuyaux de $0^m,60$ distribuent l'eau de la bâche dans chacun des compartiments.

Les piliers des voûtes des bassins inférieurs et de la toiture sont disposés de telle sorte que la résultante des pressions des voûtes se perde dans la base de chaque pilier et qu'elle soit sans action sur les murs d'enceinte.

Le mur d'enceinte a $3^m,16$ d'épaisseur au niveau du radier inférieur, avec un fruit extérieur d'un dixième; le parement intérieur vertical est raccordé avec le radier par un large solin de 2 mètres de rayon; au niveau du radier du compartiment supérieur, l'épaisseur du mur est de 2 mètres; le parement intérieur est vertical et celui extérieur a un fruit d'un dixième.

Le sol étant résistant, le radier n'a que $0^m,50$ d'épaisseur.

Le radier, les piliers et les voûtes des bassins inférieurs sont construits en meulière, et les murs d'enceinte en moellon ordinaire avec parement de meulière.

Tous les parements intérieurs ont été rocaillés en ciment avant de recevoir l'enduit dont l'épaisseur est variable; elle est de $0^m,015$ au sommet des murs des compartiments inférieurs et de $0^m,055$ à la base et sur le radier.

Les orifices de départ de l'eau sont munis pour les deux compartiments inférieurs de bondes de fond de $0^m,80$ de diamètre.

Ceux des compartiments supérieurs sont munis de bondes

de fond de $0^m,50$ pour le service de Paris et de $0^m,50$ pour celui du bois de Boulogne.

Dépenses. — Les réservoirs de Passy ont coûté, non compris les acquisitions de terrain, une somme de $820.645^f,13$. La capacité des réservoirs étant de 57.100 mètres cubes, le mètre cube de capacité revient à $22^f,12$.

Cet ouvrage a été exécuté sous la direction de M. Michal, inspecteur général des ponts et chaussées, directeur du service municipal des travaux publics de la ville de Paris, par MM. Belgrand, ingénieur, et Rozat de Mandres, ingénieur des ponts et chaussées (aujourd'hui ingénieur en chef).

VI

APPAREILS DE DISTRIBUTION D'EAU.

VILLE DE PARIS.

Une collection d'appareils.

Nᵒˢ 1251 (40) du catalogue français.

Joint à bague pour tuyaux de conduite d'eau de $0^m,80$ *de diamètre.* — On emploie dans la distribution des eaux de Paris, pour toutes les conduites posées en égout, le mode d'assemblage des tuyaux dit *joint à bague.*

Les tuyaux en fonte de tous les diamètres sont cylindriques et unis, sans aucune saillie extérieure.

Pour faire le joint on pose deux tuyaux consécutifs bout à bout en laissant entre les extrémités juxtaposées un jeu de $0^m,002$ pour la dilatation. On fait glisser sur l'un des tuyaux, pour l'amener sur le joint qu'il partage également un anneau ou bague en fonte de $0^m,100$ de longueur, légèrement conique à l'intérieur, laissant autour des tuyaux un jeu annulaire pour le joint en plomb de $0^m,006$ d'épaisseur. La bague étant maintenue dans cette position, on coule le joint en plomb comme pour l'assemblage des tuyaux à emboîtements, et ensuite on le mate des deux côtés pour le rendre étanche.

La bague est légèrement conique et pour la desceller, il suffit de frapper fortement avec un marteau sur son pourtour; on la fait ainsi glisser sur l'anneau en plomb dans le sens opposé à sa conicité. Le démontage d'un tuyau quelconque se fait ainsi avec facilité, sans couper le tuyau et sans fondre au feu le joint en plomb, comme on est obligé de le faire pour les tuyaux à emboîtement ordinaire, avantage précieux partout, et en particulier dans les égouts où il y a grand intérêt, en raison du défaut d'espace et de la nature des enduits, à ne pas allumer de grands feux.

Robinet-vanne. — Pour toutes les conduites d'eau au-dessus de $0^m,10$ de diamètre on emploie comme robinets d'arrêt et de décharge le robinet-vanne, système Herdevin.

Il se compose de deux pièces principales en fonte dont les extrémités cylindriques portent des brides pour la réunion du robinet avec la conduite.

Une vanne en forme de coin, dont l'ossature est en fonte glisse entre les deux pièces précédentes et sert d'obturateur. Quatre cercles ou anneaux minces en bronze fixés de chaque côté de la vanne et sur les parties opposées du robinet, parfaitement dressés, forment deux joints métalliques complètement étanches.

La manœuvre se fait au moyen d'une vis en bronze à filet carré engagée dans un écrou fixe, aussi en bronze, logé dans l'intérieur de la vanne.

Une calotte en fonte à peu près hémisphérique, réunie aux autres parties du robinet par un joint à brides, est destinée à loger la vanne lorsque le robinet est ouvert ; elle est munie, latéralement de deux guides pour diriger la vanne ; le stuffing-box qui est traversé par la vis en bronze, repose sur cette calotte. On peut, en enlevant la calotte hémisphérique, visiter la vanne sans qu'il soit nécessaire de déposer le robinet.

Distribution de l'eau sur la voie publique. — Orifices d'écoulement. — L'eau pour l'assainissement de la ville et le lavage des ruisseaux longeant le trottoir des chaussées, est déversée sur la voie publique au moyen de la bouche sous trottoir, système Fortin Hermann.

Cet appareil, entièrement fermé, réunit dans un espace très-restreint plusieurs appareils qui, autrefois séparés, occupaient beaucoup d'espace sur la voie publique, tels que le robinet d'arrêt sous bouche à clef, le robinet de service ou d'écoulement de l'eau, le régulateur, l'orifice de sortie de l'eau portant un raccord d'incendie et enfin le dégorgeoir.

Dans le nouvel appareil, l'eau, amenée par un branchement en tuyaux de plomb traverse le robinet d'arrêt manœuvré sous bouche à clef par une clef en fer, suit un tuyau en plomb pour arriver au robinet de service, sort par l'orifice d'écoulement portant un raccord d'incendie, débouche dans la boîte de la bouche et tombe par le dégorgeoir dans le ruisseau du trottoir. On régularise l'écoulement de l'eau au moyen d'un godet renversé, mobile, placé au-dessus de l'orifice de sortie de l'eau.

Tous ces appareils, sauf le robinet d'arrêt, sont renfermés dans une boîte en fonte à deux compartiments qui sont fermés par deux portes munies de serrures avec clefs différentes.

Le robinet d'arrêt est placé dans un tabernacle en fonte, surmonté d'une bouche à clef aussi en fonte, qui entoure la tige de manœuvre du robinet. La bouche à clef est assemblée à joint libre avec le compartiment de la boîte en fonte qui lui correspond.

Distribution de l'eau dans les appartements. — Orifices d'écoulement. — Le service des eaux de la ville de Paris pour la distribution de l'eau dans l'intérieur des appartements, a adopté les principaux appareils qui vont être décrits.

1° Le robinet à repoussoir et à arrêt se fermant seul, système Guinier.

Il se compose d'un écrou à souder pour la réunion du robinet avec le branchement en plomb, d'un boisseau dans lequel se meut une soupape avec garniture en caoutchouc, portant une tige autour de laquelle est enroulé un ressort en spirale et un guide en croix qui s'appuie sur la partie méplate de la clef du robinet.

En tournant la clef, on ouvre le robinet dans tous les sens; la longueur de la course est limitée par deux taquets opposés venus à la clef, qui buttent contre un arrêt fixé au boisseau.

L'eau se tamise au travers d'une grille en forme d'olive placée dans l'intérieur de l'écrou à souder, qui sert en outre de buttoir au ressort en spirale.

Le robinet est entièrement en cuivre jaune.

2° Les appareils de distribution intérieure, système Fortin-Hermann, qui comprennent le robinet à soulèvement se fermant seul, le lavabo à console avec tous ses accessoires, tels que distributeur d'étage, tamis diviseur.

Robinet à soulèvement se fermant seul. — Il se compose d'un boisseau ou corps du robinet en fonte ou en bronze, d'une soupape libre retombant par son propre poids sur son siége, d'un déversoir dont la traverse en le soulevant ouvre la soupape et donne passage à l'eau. En cessant de soutenir le déversoir il redescend, la soupape retombe tant par son propre poids que par la pression de l'eau qui agit dessus.

Un bouchon vissé sur le boisseau permet de visiter la soupape s'il en est besoin.

Les pièces qui servent à ajuster le robinet au branchement ne sont qu'accessoires et varient selon la disposition des lieux.

Le corps du robinet peut être disposé en *forme de col de cygne ou établi à genouillère* afin d'en dissimuler la saillie sur le parement des murs ou des boiseries.

Lavabo à console. — Cet appareil, disposé en forme de meuble plus ou moins luxueux selon la richesse des appartements où il doit être placé, se compose de deux parties principales : la cuvette et le robinet de service, qui vont être décrits sommairement en indiquant le jeu de l'appareil.

L'eau, par le branchement en plomb, arrive dans un robinet à soulèvement, adapté au marbre du meuble, semblable à celui décrit précédemment. En ouvrant le robinet, l'eau tombe dans une cuvette en porcelaine ou en cuivre repoussé, portant une décharge fermée par un bouton élastique. La vidange s'opère en soulevant la cuvette de côté. Une fermeture hydraulique, placée sous la vidange, intercepte toutes les odeurs et courants d'air qui pourraient arriver par le tuyau de décharge formé par la console qui supporte la cuvette; cette console est couronnée par une grande coupe en métal dont le but est de prévenir les éclaboussures sur les objets environnants.

Le *distributeur d'étage* supprimant les coups de bélier sur les orifices d'écoulement est un accessoire presque indispensable dans une bonne distribution d'eau intérieure.

Il se compose d'une boîte en fonte dans laquelle est renfermé un flotteur en cuivre étamé qui, par l'intermédiaire d'un levier coudé, commande une soupape communiquant avec la conduite d'eau en pression. La boîte en fonte est munie d'un tuyau en plomb qui alimente le robinet du lavabo.

En ouvrant ce robinet, l'eau sort de la boîte, le flotteur s'abaisse et soulève la soupape dont la section est très-petite ; l'eau en charge pénètre avec force dans la boîte, mais en petite quantité, et en réagissant contre la masse d'eau qu'elle renferme, le coup de bélier se trouve détruit. L'eau de la boîte coule ainsi sans pression dans le tuyau jusqu'au robinet du lavabo qui doit se trouver à une faible distance verticale au-dessous du distributeur.

On ne fera que noter un autre accessoire du lavabo, le tamis diviseur, qui empêche l'arrivée dans le robinet de service de toutes les matières étrangères solides que l'eau tient en suspension.

Ces derniers appareils ont été inventés et exécutés par M. Fortin Hermann.

Le service de la distribution des eaux de Paris est confié, sous la direction de M. Michal, directeur du service municipal des travaux publics de Paris, à M. Belgrand, ingénieur en chef des ponts et chaussées, et à MM. Rozat de Mandres et Vallée, ingénieurs des ponts et chaussées.

VII

PUITS ARTÉSIEN DE PASSY.

—

VILLE DE PARIS.

———

Un modèle à l'échelle de 0,04.
Collection des outils à l'échelle de 910.
Dessin.
N° 1251 (41) du catalogue français.

———

Description des travaux. — Le puits artésien de Passy a été commencé le 15 septembre 1855, avec un diamètre de 1^m,10 sur les 53 premiers mètres, dans la traversée des argiles, puis, après le tubage de cette première partie, il a été continué sur 1 mètre de diamètre dans la craie. Après quelques accidents, tels que bris et perte d'outils, au fond du puits, qui n'avaient interrompu le forage que peu de temps, on était parvenu, le 31 mars 1857, à 528 mètres de profondeur, lorsque le tube qui maintenait les argiles s'écrasa. On chercha en vain, pendant six mois, à réparer cet accident par les moyens ordinaires de tubage des puits artésiens, et l'on fut alors forcé de décider l'exécution, par des moyens plus énergiques, de l'élargissement du forage dans des terrains éboulés et détrempés par des sources. Les années 1858 et 1859 furent employées à descendre un tube en fonte épais de $0^m,035$, avec brides d'attaches, et ayant 3 mètres de diamètre, aussi profondément qu'il put pénétrer ; à consolider, au moyen d'armatures en fer, ce tube qui avait été fendillé par la pression des argiles ; à continuer le puits jusqu'à la craie, à 53 mètres au-dessous du sol, au moyen de deux autres tubes concentriques en tôle renforcés de cornières, et à maçonner ensuite tout l'intérieur, en ne laissant au puits que $1^m,60$ de diamètre. En 1860, la partie supérieure du puits étant réparée, on cura l'ancien forage dans les terrains crétacés dont les parois s'étaient maintenues, et l'on poussa l'approfondissement jusqu'à 535 mètres. On descendit ensuite un cuvelage en bois destiné à maintenir la nappe jaillissante, et l'on continua le forage en faisant suivre au cuvelage le mouvement d'approfondissement ; mais le cuvelage s'arrêta à 530 mètres de profondeur.

Pour continuer le forage, on enfonça un tube intérieur en tôle de 2 centimètres d'épaisseur, et l'on est arrivé ainsi jusqu'à $576^m,60$. A cette profondeur, la sonde rencontra, le 25 mai 1861, une première couche aquifère, mais dont l'eau n'arriva qu'à 3 ou 4 mètres en contre-bas du sol.

On continua le travail d'approfondissement, et, le 24 septembre 1861, on trouva, après avoir traversé un banc d'argile, une seconde couche de sable aquifère, à $586^m,50$ de profondeur. Les eaux jaillirent en abondance avec des volumes variables.

Le débit du puits est aujourd'hui de 6.290 mètres cubes en vingt-quatre heures, à la cote 77,15 au-dessus du niveau de la mer, ou 24 mètres au-dessus du sol :

de   7.400 à la cote 73,15
de   9.800   id.   65,25
de 12.860   id.   59,52
de 16.500   id.   53,5 a niveau du sol.

Instruments. — Les instruments employés se composent d'un trépan (vaste ciseau armé de dents) animé d'un mouvement vertical, brisant et réduisant le sol en boue, et d'une cuiller à soupape servant à enlever la boue. Le travail a ainsi été exécuté par la percussion sans mouvement de torsion.

Dépenses. — La dépense du forage s'est élevée à la somme d'un million environ.

On expose les modèles au dixième du trépan, de l'instrument à chute libre et de la cuiller, une coupe géologique du forage faite avec les produits extraits par la cuiller, une coupe du cuvelage à la partie supérieure et à la partie inférieure du puits et un dessin de l'atelier.

Ces travaux, comme tous ceux de la ville de Paris, sont placés sous la direction de M. Michal, inspecteur général des ponts et chaussées, directeur des travaux publics de la ville; ils ont été exécutés sous la surveillance de M. Alphand, ingénieur en chef, et Darcel, ingénieur des ponts et chaussées, par M. Kind, ingénieur saxon, qui en avait soumissionné l'entreprise.

VIII

ATLAS SOUTERRAIN DE LA VILLE DE PARIS.

—

VILLE DE PARIS.

Un atlas.

N° 1251 (44) du catalogue français.

Description des cartes. — La ville de Paris est, en partie, assise sur les exploitations dont les matériaux ont servi à sa construction. La recherche et la consolidation de ces anciennes carrières constituent un service public qui, fondé en 1777 sous le titre d'inspection générale des carrières, fonctionne encore aujourd'hui comme branche de l'administration municipale, et est confié aux ingénieurs du corps impérial des mines.

En 1842, on a commencé à coordonner en Atlas les trois ou quatre mille plans renfermés dans les archives de l'Inspection des carrières. La publication de cet Atlas a été décidée en 1853.

L'atlas est dressé à l'échelle de 1/1.000. Il comprend dix-sept feuilles, un tableau d'assemblage et une notice explicative. Il reproduit tous les détails des plans souterrains, tels que maçonneries, piliers, bourrages, galeries de recherche ; il donne, en outre, le contour exact des bâtiments élevés à la surface, depuis les monuments publics jusqu'aux moindres hangars, et présente ainsi la double image du dessus et du dessous. On a profité des espaces libres sur plusieurs feuilles pour y figurer l'*ossuaire des Catacombes*, mentionné dans toutes les descriptions de Paris, et un grand nombre de coupes verticales montrant la profondeur variable des carrières au-dessous du sol.

La première feuille de l'Atlas a paru en 1854 : la dernière vient d'être achevée. La gravure a été confiée à MM. Avril et A. Ogiarri. L'impression a été faite à l'imprimerie impériale et chez M. Lemercier, imprimeur à Paris.

Ce travail a été exécuté sous la direction de M. Lorieux, inspecteur général des mines, par M. de Fourcy, ingénieur en chef des mines.

IX

SQUARES, JARDINS ET PROMENADES

DE LA VILLE DE PARIS

VILLE DE PARIS

Un album des squares et du bois de Vincennes.
Un album du bois de Boulogne.
N° 1251 (43) du catalogue français.

I. SQUARES. — L'album exposé renferme, pour chaque jardin et square, un plan et une feuille contenant une vue photographique et des détails de construction.

Square de la tour Saint-Jacques. — Ce square, d'une superficie de 5,786 mètres, est établi au carrefour de la rue de Rivoli et du boulevard de Sébastopol, et bordé, d'autre part, par la rue Saint-Martin et l'avenue Victoria; il tire son nom du monument qu'il renferme.

La tour Saint-Jacques, située au centre, dont la construction remonte à 1508, est élevée de 52 mètres et domine une grande partie de la capitale.

Les travaux de jardinage que l'on voit aujourd'hui ont

été exécutés en 1856. Les dépenses se sont élevées à la somme de 141.700 fr., pour les travaux de jardinage et plantations proprement dits.

Square des Innocents. — Ce square, construit en 1859 et 1860, sert d'entourage à la fontaine des Nymphes. Construite en 1550, par Pierre Lescot et décorée par Jean Goujon, cette fontaine a subi, en 1860, une restauration complète.

La superficie intérieure du square des Innocents est de 2.657^m,71, dont 255^m,84 pour la fontaine, 1.113^m,34 pour les pelouses et massifs, 610^m,55 pour les allées sablées.

Les dépenses d'établissement du square se sont élevées à la somme totale de 201.581^f,78 cent., dont 178.513^f,92 pour les travaux d'architecture.

Square des Arts et Métiers. — Le square des Arts et Métiers, établi sur un terrain situé entre le boulevard de Sébastopol et la rue Saint-Martin, se compose principalement d'une plantation régulière de marronniers, disposés de manière à présenter au centre une avenue conduisant à la principale porte d'entrée du Conservatoire des arts et métiers. Deux bassins, entourés de gazons, sont situés dans les allées latérales de la plantation.

La superficie intérieure de ce square est de 4.145^m,46, y compris celle de 248^m,62 occupée par les bassins.

Le nombre d'arbres composant la plantation est de 112. Ces arbres ont été tirés de localités avoisinant Paris et transplantés au chariot.

La dépense totale a été de 320.000 fr.

Square du Temple. — Le square du Temple, exécuté en 1857, sur l'emplacement de l'ancien palais de ce nom, se compose de trois pelouses principales, dont l'une renferme une pièce d'eau surmontée d'un rocher artificiel. Sa surface intérieure est de 7.524^m,44.

La dépense totale de construction a été de 148.581^f,72.

Square Vintimille. — Le square Vintimille, établi au centre de la place de ce nom, ne présente qu'une étendue peu considérable : sa superficie est de 778^m,07.

Les dépenses faites pour la transformation et la restauration de ce petit jardin se sont élevées à la somme de 15.500 fr.

Square Sainte-Clotilde. — Ce square est situé sur la place Bellechasse, devant la nouvelle église Sainte-Clotilde, élevée, il y a quelques années, dans le style architectural du XIIIe siècle.

Le peu d'étendue de cette promenade rendait nécessaire l'adoption de dispositions fort simples, ne pouvant nuire en rien à l'aspect du monument situé en arrière. La surface intérieure du square est de 1.738^m,59, dont 1.279 mètres en pelouses et massifs, et 459^m,59 en allées sablées.

Le prix d'établissement du square Sainte-Clotilde a été de 52.220 fr.

Square Louvois. — Ce square a été établi en 1859 sur l'ancienne place Louvois, au milieu de laquelle s'élève la fontaine Visconti.

Cette place était déjà garnie de plantations qui ont été respectées.

La surface enclavée par la grille est de 1.776^m,07, dont 851^m,60 sont occupés par les pelouses et massifs, 115^m,68 par la fontaine et 810^m,79 par les allées sablées.

Les frais de transformation de la place en square ont été de 55.645^f,45 cent.

II. Parc de Monceaux. — Cette promenade, récemment créée par l'administration municipale de la ville de Paris, est la plus vaste de celles qui ornent l'intérieur de la capitale. Elle occupe, en partie, l'ancien domaine de Monceaux, dont l'origine remonte au milieu du siècle dernier.

Deux grandes voies carrossables, ouvertes en ménageant autant que possible les plantations anciennes, traversent le parc dans toute son étendue et forment le prolongement des boulevards qui viennent y aboutir. Des grilles monumentales décorent les entrées de ces voies.

La superficie du parc Monceaux est d'environ 10 hectares 76 ares, dont : $6^h,6254$ pour les pelouses proprement dites, $2^h,5223$ pour les massifs d'arbres ou arbustes, $0^h,1492$ pour la rivière et $1^h,6631$ pour les allées.

La dépense totale de transformation et d'aménagement du parc a été de 1.190.000 fr.

Les travaux, commencés au mois de janvier 1861, étaient à peu près terminés le 15 août suivant.

III. Bois de Boulogne. — On trouve dans l'album des Promenades de Paris, un plan général du bois de Boulogne, dans un album spécial, quarante feuilles de dessin des diverses constructions du bois et soixante vues photographiques prises en différents points de la promenade.

Le bois de Boulogne a été cédé par l'État à la ville de Paris, en vertu d'un décret du 13 juillet 1852.

La superficie entièrement en forêts, avec quelques routes droites, était, à l'époque de la cession, de 676 hectares ; mais, par suite d'acquisitions d'une part et de ventes de parties se trouvant en dehors d'un périmètre régulier, la surface a été portée à 873 hectares ainsi répartis :

Forêt.	434 hect.
Pelouses.	273
Ruisseaux et pièces d'eau	30
Routes et allées.	107
Massifs d'arbustes, fleurs, pépinières.	29
Total semblable.	873 hect.

La longueur totale des allées est de 95 kilomètres,

celle des ruisseaux de 9 kilomètres, et celle de la canalisation d'eau pour l'alimentation des lacs et l'arrosement des
routes et pelouses, de 80 kilomètres.

Le volume des eaux employées par jour, en été, pour
l'arrosement, est de 7.000 mètres cubes, et celui des eaux
employées à l'alimentation des lacs et cascades de 8.000.

Les dépenses se sont élevées à 16.206.255ᶠ,50, mais la
ville a vendu pour 10.401.483ᶠ,84 de terrains et a reçu de
l'État une subvention de 2.110.513ᶠ,27, ce qui a réduit à
3.694.255ᶠ,94 les dépenses à sa charge.

L'entretien du bois est fait par 140 cantonniers des
routes, 46 jardiniers, 3 fontainiers et 50 gardes forestiers.

Les dépenses annuelles s'élèvent à 628,000 francs.

La transformation du bois de Boulogne a été entreprise
en 1855 et terminée en 1858.

IV. Bois de Vincennes. — L'album des promenades de Paris
renferme un plan général du bois de Vincennes et huit vues
photographiques de ce bois.

Le bois de Vincennes subit une transformation analogue
à celle du bois de Boulogne. On a acquis, pour la réunir à
la promenade, la partie des plaines de Bercy et de Saint-
Mandé, comprise entre les anciennes limites du bois et le
mur d'enceinte des fortifications de Paris. La nouvelle promenade, comme le bois de Boulogne, commencera désormais aux portes de Paris.

Les travaux, entrepris en 1858, sont terminés dans les
parties des Minimes et de Saint-Mandé. Les travaux du plateau de Gravelle sont en cours d'exécution.

Les pièces d'eau du bois de Vincennes sont alimentées et
l'arrosage est fait au moyen des eaux de la Marne, élevées
par une turbine placée dans la chute des moulins de Saint-
Maur.

La surface totale du bois, lorsque les travaux seront achevés, atteindra 876 hectares. Cette surface sera divisée ainsi qu'il suit :

Forêt..........................	570 hect.
Massifs d'arbres et arbustes.................	55
Prairies (dont 142 hect. affectés aux exercices militaires).	573
Routes........................	58
Pièces d'eau et rivières..................	20
Total semblable..........	876 hect.

La longueur totale des routes et allées sera de 70.055 mètres ; celle de la canalisation d'eau forcée de 27.460 mètres et celle des ruisseaux de 9.900 mètres.

Le volume journalier des eaux de la Marne servant à l'arrosement et à l'alimentation des lacs, rivières et cascades est de 5.000 mètres.

Les dépenses faites s'élèvent à 3.340.000 francs et les dépenses restant à faire à 2.555.000 francs.

Entretien. — Le personnel préposé à l'entretien du bois, dans sa situation actuelle, et qui devra être augmenté à mesure de l'avancement des travaux, se compose de 50 cantonniers de routes, de 5 jardiniers et de 37 gardes forestiers.

Les dépenses d'entretien s'élèvent à 255.500 fr.

Les travaux des squares, promenades et plantations de Paris sont exécutés sous la direction de M. Michal, inspecteur général des ponts et chaussées, directeur des travaux publics de la ville de Paris, par M. Alphand, ingénieur en chef des ponts et chaussées, et par MM. Grégoire et Foulard, ingénieurs des ponts et chaussées, pour les squares ; Grégoire, déjà nommé, pour le parc de Monceaux ; Darcel, ingénieur des ponts et chaussées, pour les bois de Boulogne et de Vincennes ; Davioud, architecte, et Barillet-Deschamps, jardinier en chef.

DIXIÈME SECTION.

OBJETS DIVERS

NON CLASSÉS DANS LES SECTIONS PRÉCÉDENTES.

I

APPAREIL DE DÉCINTREMENT

AU MOYEN DU SABLE.

MINISTÈRE DE L'AGRICULTURE, DU COMMERCE ET DES TRAVAUX PUBLICS.

N° 1251 (49) du catalogue français.

Historique. — L'exécution des nombreux ponts en maçonnerie, construits dans les vingt dernières années, a naturellement appelé l'attention des ingénieurs sur l'insuffisance des anciens procédés de décintrement des grandes voûtes. Plusieurs systèmes nouveaux ont été successivement expérimentés ; deux sont particulièrement passés dans la pratique, le décintrement au moyen du sable et le décintrement au moyen de verrins.

L'application de ce dernier procédé paraît appartenir à

M. Dupuit, inspecteur général des ponts et chaussées ; elle est facile à comprendre.

L'emploi du sable, imaginé par M. Baudemoulin, ingénieur en chef des ponts et chaussées, a été fait de plusieurs manières.

La première application a eu lieu au moyen de sacs dans lesquels le sable était renfermé. Dès l'origine, M. de Sazilly avait pensé à remplacer ces sacs par des cylindres en forte tôle. En 1854, à l'époque du décintrement du pont d'Austerlitz, cette disposition fut proposée et appliquée par M. Bouziat, conducteur des ponts et chaussées.

Description. — Entre les retombées des cintres et les supports inférieurs on place, en correspondance avec chaque ferme, des cylindres ou manchons en tôle de 30 centimètres de diamètre intérieur sur 30 centimètres de hauteur. Ils sont posés sur une plate-forme en bois de $0^m,04$ d'épaisseur et de $0^m,40$ de côté. Sur chaque plate-forme se trouve un disque en bois de $0^m,02$ d'épaisseur, d'un diamètre de $0^m,30$, servant à fixer le cylindre.

Quatre orifices de $0^m,02$ de diamètre, sont percés dans chacun des cylindres à $0^m,03$ au-dessus de sa base, et placés à l'extrémité de deux diamètres rectangulaires. On les ferme par de simples bouchons de liége.

Les cylindres sont remplis de sable, convenablement desséché, jusqu'aux deux tiers ou aux trois quarts de leur hauteur, et au-dessus on engage des pistons cylindriques en bois qui entrent sans frottement dans les cylindres en tôle.

C'est sur ces pistons que repose le cintre.

Quand l'appareil doit rester quelque temps en place, on garnit les joints entre chaque cylindre et son piston au moyen de plâtre, afin de mettre le sable à l'abri de l'humidité.

Au moment de décintrer, on enlève les bouchons, on dégage, si cela est nécessaire, les orifices avec un crochet ; quelques légers coups frappés sur les cylindres activent l'écoulement.

Le sable sort d'une manière régulière et les pistons s'enfoncent avec la même régularité. Il faut de temps en temps dégager les orifices du sable qui s'y accumule ; sans cette précaution, le petit cône de sable qui se forme au droit de chaque orifice arrête l'écoulement.

Comme on l'a dit, le premier pont décintré avec l'appareil à manchon de tôle a été le pont d'Austerlitz. Depuis cette époque de nombreuses applications de ce procédé ont été faites et ont toujours réussi.

NIVELLEMENT GÉNÉRAL DE LA FRANCE.

Un atlas.
1231 (29) du catalogue français.

Objet du travail. — Dans le courant de l'année 1857, M. Bourdaloue, qui s'était fait connaître par des travaux remarquables de nivellement, proposa d'exécuter le nivellement général de la France continentale, en prenant pour type un travail qu'il avait fait pour le département du Cher.

Ce nivellement général devait consister nécessairement : 1° à déterminer, par des opérations de haute précision, les altitudes d'un certain nombre de points fondamentaux, par rapport à un repère unique; 2° à partir ensuite de ces points pour effectuer des nivellements de détail, de manière à atteindre toutes les parties du sol de la France.

Il s'agissait surtout de rendre plus faciles et plus sûres les opérations relatives à l'établissement des voies de communication, au nivellement des cours d'eau, aux études de drainage et d'irrigation. Pour atteindre ce but, il fallait que le nivellement proposé fît connaître les altitudes du sol d'une manière très-détaillée et avec une très-grande exactitude; car des renseignements généraux, tels que ceux que fournit la carte de l'état-major, d'ailleurs si remarquable, mais dressée pour d'autres besoins, ne pouvaient suffire. Dans ces conditions, l'entreprise projetée devait entraîner des dépenses considérables.

L'administration, après s'être convaincue de l'utilité du travail proposé, reconnut qu'il convenait d'en confier l'exécution à M. Bourdaloue, qui, par ses travaux antérieurs, sa capacité et son désintéressement, présentait toutes les garanties désirables pour entreprendre une opération de cette nature.

La première partie de cette entreprise, destinée à fixer les points de repère fondamentaux, a été commencée dans les derniers jours du mois de septembre 1857 et sera terminée avant la fin de l'année 1862. La carte d'ensemble jointe à l'atlas indique la situation de ce nivellement au 31 mars 1862.

Mode d'exécution. — Des repères métalliques invariables ont été placés de distance en distance sur les lignes formant le *réseau des lignes de base*, à raison d'un repère par kilomètre, en moyenne. Les différences de niveau entre ces repères ont été déterminées de proche en proche, au moyen de nivellements de précision. On s'est astreint à réitérer ces nivellements de manière à avoir au moins six déterminations de chacune de ces différences de niveau; et quand il n'y avait pas un accord satisfaisant, on multipliait davantage ces déterminations, jusqu'à ce que toute incertitude eût disparu.

L'opération est faite au moyen de niveaux dits d'*ingénieur*, à lunette et à bulle d'air, en procédant par visées horizontales. Les instruments employés, construits sous la direction de M. Bourdaloue, sont d'une grande précision et d'un emploi facile. Le niveau est toujours placé à égale distance des deux points de visée. On emploie des mires dites *parlantes* qui permettent au niveleur de lire lui-même la cote. Chaque cote est constatée par deux lectures et deux inscriptions indépendantes l'une de l'autre.

Le contrôle de ce travail général est confié à un ingénieur des ponts et chaussées, résidant à Paris, auquel les registres ou carnets d'observations sont adressés à la fin de chaque journée. Cet ingénieur s'assure, soit par des visites faites sur les lieux, soit par l'examen attentif des résultats obtenus, que tout se passe régulièrement.

Les nivellements faits jusqu'à présent sur les lignes de base embrassent un développement d'environ 10.000 kilomètres. Il faut joindre à ces lignes le cours du Rhône, depuis le lac de Genève jusqu'à la Méditerranée, et celui de la Loire, depuis Briare jusqu'à l'Océan, qui avaient été auparavant l'objet de nivellements exécutés par M. Bourdaloue.

On a rapporté d'abord les altitudes à un plan horizontal provisoire; lorsque l'opération a été suffisamment avancée, on a reconnu que le niveau moyen de la mer est loin d'être le même pour tous les points du littoral; et l'on a choisi le niveau moyen de la mer à Marseille pour le plan unique de comparaison du nivellement général de la France. Une décision dans ce sens a été prise le 13 janvier 1860, par M. le ministre de l'agriculture, du commerce et des travaux publics.

Dans l'état actuel de l'opération, on peut admettre que les altitudes déterminées dans toute l'étendue de la France sont exactes à moins de *trois centimètres*. Ce degré de précision peut paraître extraordinaire; mais quand on examine tous les détails du travail de M. Bourdaloue, quand on voit la concordance qui existe entre les résultats partiels des opérations de repère à repère, quand on se rend compte des précautions prises pour qu'aucun doute ne soit possible sur la précision obtenue, on demeure convaincu qu'elle est bien réelle. C'est le travail topographique le plus étendu qui ait été exécuté avec ce degré de précision.

L'ingénieur des ponts et chaussées chargé du contrôle de cette opération est M. Breton (P. Émile).

FIN.

TABLE DES MATIÈRES.

5ᵉ SECTION. — Travaux maritimes

6ᵉ SECTION. — Phares.

7ᵉ SECTION. — Chemins de fer.

8ᵉ SECTION. — Mines.

9ᵉ SECTION. — TRAVAUX DE LA VILLE DE PARIS.

10ᵉ SECTION. — OBJETS DIVERS NON CLASSÉS DANS LES SECTIONS PRÉCÉDENTES.

FIN DE LA TABLE.

Paris. — Imprimé par E. Thunot et Cⁱᵉ, rue Racine, 26.